法が招いた政治不信

裏金・検察不祥事・SNS選挙問題の核心

郷原信郎

はじめに

二〇二三年五月、通常国会の会期末を控えた頃、岸田文雄《きしだふみお》首相は、前年から安倍晋三《あべしんぞう》元首相の国葬問題、統一教会問題などで低迷していた内閣支持率も広島G7サミットなどで上向き、衆議院解散を示唆するような発言を行っていた。その時点で、半年後の衆議院総選挙で自民党が惨敗し、自公過半数割れで、少数与党に転落するという事態が起きるとは、誰しも予想しなかった。

そのような政治の激変をもたらしたのは、二三年一二月頃からにわかに表面化した自民党派閥政治資金パーティー裏金問題であった。パーティー券売上の一部が所属議員に裏金として還流し、それが確認できる五年間でも数億円に上ることが明らかになった。二〇二四年一月に検察捜査が事実上終結し、その直後の通常国会で野党の追及が続いていた時期は、ちょうど、所得税の確定申告の時期とも重なった。多額の裏金を手にしていたのに、ほとんど処罰も受けず、所得税も課税されない裏金議員に対して国民の強烈な反発不満が生じた。自民党は四月の衆議院補選全敗（うち二選挙区では候補者を立てられず）に続いて、同年一〇月の衆議院議員選挙で惨敗、自公過半数割れに至った。

第二次安倍政権以来続いていた自民党の安定政権を直撃したのが「裏金問題」だった。しかし、その問題の中身も、責任の所在も、問題解消のための方策も、全く明らかにならないまま、裏金議員と自民党はその中に、次々と呑み込まれていった。なぜ〝ブラックホール〟となったのか、国民に強烈な反発不満が生じたのか。そこに、大きく関わっているのが検察捜査である。その方向性が当初から間違っていたことが、裏金問題がここまで大きな政治問題となり、政治不信を生じさせる原因となった。

政党や政治団体に対する寄附が行われれば、寄附を収入として政治資金収支報告書に記載しなければならないのは当然のことだ。一方、政治家個人に対する寄附は違法であるが、収支報告書に記載する義務はない。

政治資金パーティー券売上の議員への還流金（キックバック）は、収支報告書に記載しなくてよい金として派閥から所属議員側に渡されたものだった。そうである以上、政治資金収支報告書への記載義務がある資金管理団体、政党支部に宛てた寄附ではなく、「政治家個人に宛てた寄附」というのが常識的な見方だ。

検察は、会計責任者、議員本人に、収支報告書を提出する義務のない政治家個人宛の寄附だという「当たり前のこと」を認めさせる方向で捜査を行うべきだった。個別の寄附を議員本人が政治家個人宛の寄附と認識していたことの証拠があれば、議員を政治資金規正法二一条の二第一項違反の寄附の受領で処罰することも可能であった。個別の寄附の具体的な認識がなくても、議員個人に帰属する金であることを全体的に認識していれば、少なくとも議員の個人所得として課税することは可能だったはずだ。

しかし、実際の検察の捜査は、それとは真逆の方向だった。還流金が議員の資金管理団体や政党支部などに帰属していることを前提に、それらの政治資金収支報告書に記載しなかった問題としてとらえようとした。

そのような方向で政治資金規正法違反に問おうとすることには大きな問題があった。政治資金規正法の政治資金収支報告書不記載・虚偽記入罪は、政治団体や政党の収支報告書に「記載すべき事項」を、会計責任者等が意図的に記載しない、あるいは虚偽の記入をすることによって成立する。つまり、不記載・虚偽記入の事実は、特定の収支報告書に記載すべきであったことを認識していたことが犯罪成立の要件だ。しかし、還流金が政治資金収支報告書に記載しない前提の金である以上、複数ある国会議員の「財布」としての政治団体、政党支部のうち、どの団体の収支報告書に記載するのかを考えなかったというのが自然であり、どの団体に帰属する金なのか特定できないし、どの収支報告書に記載すべきと認識していたのかも立証できない。そのため、政治資金収支報告書の不記載・虚偽記入罪では処罰できない。これが、私がかねてから指摘してきた「政治資金規正法の大穴」なのである。

　検察は、不記載・虚偽記入罪の適用を前提に捜査処分を行い、それと平仄《ひょうそく》を合わせるように、派閥側と個別の議員に政治資金収支報告書を訂正させた。それによって、議員側には原則として所得税は課税されないことになった。そして、肝心な事件そのものについての事実解明もほとんど行えなかった。

　結果、検察捜査は、裏金議員のほとんどが刑事立件すらできず、わずかに正式起訴した池田《いけだ》佳隆《よしたか》氏及び大野《おおの》泰正《やすただ》氏の二名の国会議員についても、起訴から一年以上経った今も、公判の見通しすら立っておらず、有罪立証ができるのかも不明だ。しかも、「裏金議員」に対して所得税の課税も全く行われず、国民に強い不公平感を生じさせた。

　この問題は自民党の政治資金の構造的な問題に起因するもので、多くの国会議員に関わる、政治的な影響も極めて大きい問題であるからこそ、早い段階から、事案の性格や政治資金規正法の罰則適用上の問題点を踏まえ捜査の在り方を慎重に検討し、刑事処分の見通しだけでなく政治資金収支報告書の事後処理や税務問題なども含めて、国民の納得が得られるように事件を決着させることが必要だった。

　そういう意味で特捜検察の政界捜査の「規格外」の事件であった。しかし、特捜部は、従来どおりの政界捜査の手法で捜査処分を行った。

その結果、刑事処罰、納税について国民の認識との間に著しい乖離《かいり》を生じさせただけでなく、「裏金」の経緯についての事実解明も、ほとんど行われなかった。それによる批判が自民党を直撃し、衆議院選での自民党の大敗が日本の政治に重大な影響を生じさせることになった。

そこには、検察組織の病理という、もう一つの問題がある。

このような「政治の構造問題」についての検察捜査の誤りは、特捜部という捜査機関の性格に関わる問題だ。それ自体が「権力機関」である特捜部は、特定の対象者に狙いを定めてストーリーを設定し、強引な取調べで供述を得るなどの手段で、政治家の摘発などの成果を挙げようとする。客観的に事実解明を行い、法律をその趣旨目的に沿って適用するという本来の「法執行機関」としての役割の認識は希薄だった。

私は、かねて「検察の正義」を中心とする閉鎖的かつ自己完結的なガバナンスの特異性が問題であることを指摘してきた。その中核にある「特捜検察」の構造的問題が露呈したのが「裏金問題」の捜査だった。

そのような「裏金問題」での検察捜査の問題は、世の中にほとんど認識されなかった。しかし、一方で、ほぼ同時期に、検察が別の形で社会から厳しい批判を受ける出来事が相次いだ。プレサンスコーポレーション事件での取調べ検察官について大阪高裁で特別公務員暴行陵虐での付審判決定が出され、袴田《はかまた》事件での「控訴断念」の畝本直美《うねもとなおみ》検事総長談話で「とうてい承服できないものであり、控訴して上級審の判断を仰ぐべき」と述べたことが、袴田弁護団側から名誉毀損《きそん》との厳しい批判を受けた。そして、北川健太郎《きたがわけんたろう》元大阪地検検事正による部下の女性検察官に対する不同意性交事件での逮捕・起訴は、社会に衝撃を与えた。前代未聞の不祥事が続発し、今や検察は、大阪地検特捜部による村木《むらき》事件の証拠改ざん問題の際に匹敵する、あるいはそれ以上に深刻な状況にある。

「裏金問題」に直撃された自民党という政治権力が大きく揺らぐ一方、その原因となる「裏金関連」の捜査を行った検察という司法権力も、多くの不祥事によって、その信頼が損われる事態になっている。


そして、このような政治権力、あるいは司法権力に関して起きていることとは全く別の動きとして、民主主義を支える基盤となる公職選挙をめぐって大きな変化が起きている。

昨年七月の東京都知事選挙での、東京ではほとんど無名だった元安芸高田《あきたかた》市長・石丸《いしまる》伸二《しんじ》氏の大量得票、衆議院議員選挙での国民民主党の議席四倍増の躍進、そして、その後の兵庫県知事選挙、名古屋市長選挙などで、大きな力を発揮したのがSNSだった。
こうしたSNSがもたらした「激変」によって、世襲が幅を利かせ、不透明な資金のやり取りが横行していた日本の選挙をめぐる旧来の構造が一変したことは歓迎すべきことである。しかし、その副作用として、SNSでのデマ投稿の拡散や、SNS運用等で業務として選挙に関わる行為が選挙運動買収の嫌疑を受けるという新たな問題を生じさせた。

兵庫県知事選挙は、選挙前の予想を覆し、不信任決議案の可決で失職した前知事の斎《さい》藤元彦《とうもとひこ》氏が当選したが、その選挙でのSNS運用をめぐる公選法違反について、二四年一二月二日に、私と神戸学院大学教授の上脇博之《かみわきひろし》氏とで斎藤知事らを被告発人とする告発状を神戸地検と兵庫県警に提出し、同月に受理された。

この事件はSNSが多用される公職選挙の在り方を、そして公職選挙における公平性・公正性という観点から今後の公職選挙法の改正を考える上での素材となる。

同じ検察捜査でも、政界捜査等のための「常設軍」である特捜部で罷《まか》り通ってきた「特捜の看板」や捜査権限で押し切るというようなやり方は、地方の検察の捜査では通用しない。

私自身、二〇年余り前の二〇〇三年、長崎地検次席検事として、自民党の地方組織が公共工事による利益を裏献金や政治資金パーティー等によって収奪する構造的腐敗と戦った経験があった。公職選挙法と政治資金規正法の罰則を、その法の趣旨に沿って最大限に活用し、事案を解明していく捜査であった。その一連の捜査でたどり着いたのが、自民党長崎県連が開催した大規模政治資金パーティーにおける「裏金問題」だった。

当時は小泉純一郎《こいずみじゅんいちろう》政権の絶頂期、一方、検察は、二〇〇二年五月に三井環《みついたまき》大阪高検検事を逮捕し、「調査活動費問題内部告発」の「口封じ逮捕」だと批判されていた頃で、検察自身が「裏金問題」を抱え、「逆風」の状況にあった。その頃、政治資金パーティーは自民党の最大の集金システムであり、長崎地検の捜査がそこに本格的に斬り込もうとしたことに対して、強烈な圧力が働いた。

強制捜査による表面化を免れた自民党の地方組織や派閥の政治資金パーティーによる裏金システムがそのまま生き残り、脈々と受け継がれた末、二〇年の歳月を経て、東京地検特捜部による捜査の対象になったのが、今回の「裏金問題」だった。

政治が激動し、選挙も激変する状況の中、今多くの不祥事で大逆風に晒《さら》されている検察に、公職選挙法、政治資金規正法という法律を正しく適用する「法執行機関」としての役割が期待されている。

日本の政治がこれから公平・公正な土台を取り戻すことができるのか、あるいは混乱と崩壊の方向へ向かうのか、まさに分岐点となる時期に、本書を通して重要な論点について考えてもらえれば幸甚である。

法が招いた政治不信　裏金・検察不祥事・ＳＮＳ選挙問題の核心　目次

第三章 議員逮捕と検察捜査の終結 053

終章　刑事司法の崩壊を止めるために　検察捜査の改革と国民の法意識　195

装幀＝川名潤
ＤＴＰ＝エヴリ・シンク
校正＝パーソル メディアスイッチ

第一章

検察捜査と自民党関係者の危機感

自民党関係者の「危機感」

まず、政治資金パーティー裏金問題の流れを振り返りたい。

私が、この問題が検察の捜査の対象になっていることを初めて知ったのは、二〇二三年一一月一日に、月刊誌「選択」一一月号の【岸田自民の「カネの大醜聞」】と題する記事を目にした時だった。

神戸学院大学教授の上脇博之氏の刑事告発がきっかけになって、検察が捜査を行っていた「自民党各派のパーティー券の売上が何年にもわたって政治資金収支報告書に適正に反映されていない」という「政治とカネ」問題が話題になっていた。その問題から世間の目をそらさせたい自民党幹部が、盛んに「解散風」をあおっていたが、結局、岸田首相が解散を決断しないまま時期を逸してしまったこと、告発を受理した検察は自民党各派の事務担当者を呼び、事情聴取に乗り出していることを報じる内容だった（直後の一一月二日の読売新聞記事は、告発状が提出されていることだけを報じている）。

政治資金収支報告書に記載義務の生じる二〇万円超分のパーティー券を購入してもらっていたのに、収支報告書に記載がなかったという、政治資金規正法違反の疑いがあると、二〇二二年一一月に「しんぶん赤旗」日曜版がスクープ。上脇氏が、東京地方検察庁へ告発状を提出したという流れであり、派閥の事務担当者が地検に聴取されていることが、自民党関係者の危機感につながっているようだった。

通常、検察が捜査していることを報じる記事であれば、「検察関係者」「司法記者」などの話が中心となる。ところが、その記事は「党関係者」のコメントや「自民党執行部の危機感」など自民党関係者の反応だけで構成されていた。大手メディアにおける社会部系の司法クラブなどの記者が検察捜査の動きを察知して報じているのではなく、自民党関係者が強い「危機感」を持っていることが、この記事の背景にあるように思えた。

政治資金パーティーは、二〇万円以下であれば、パーティー券の購入者の氏名を公開しなくてよいので、企業等の購入事実との突合せができない。そのため、実際の売上が政治資金収支報告書に正しく記載されていないことが多い。その分、政党、政治団体、政治家が裏金を得る手段とされ、企業側から政治家側に不透明な方法で資金を提供する手段となってきた可能性が高い。

私自身、自民党の派閥政治資金パーティーの問題が裏金の問題に発展する可能性があることは認識していた。しかし、東京地検特捜部が、裏金の解明にどれだけ本気で取り組もうとしているのかはわからず、大きな事件に発展するようには思えなかった。

それは、二〇二二年に、薗浦健太郎《そのうらけんたろう》氏の政治資金パーティーをめぐる事件が「期待はずれ」に終わっていたからである。

長崎事件から二〇年ぶりに表面化した「裏金事件」

私自身、検察官時代に、「政治資金パーティーをめぐる事件」に取り組んだ経験があった。二〇〇二年秋から二〇〇三年春にかけて、長崎地検次席検事として指揮した自民党長崎県連事件での「政治とカネ」問題での〝裏金との戦い〟だった。一連の検察捜査の終着点となったのが「自民党長崎県連政治資金パーティーをめぐる政治資金規正法違反事件」、当時の自民党県連が、党本部から幹部も招待して行う大規模政治資金パーティーで、多額の裏金を作っていたことが明らかになった事件だった（それが、「自民党の政治資金と裏金の歴史」とどのように関係するものだったのかについては、第二章で詳述する）。

そして二〇二二年一一月、薗浦健太郎衆議院議員（当時）が、政治資金パーティーをめぐる政治資金収支報告書の不記載の問題で東京地検特捜部に摘発され、収入約四六〇〇万円を収支報告書に記載していなかったとして、薗浦氏は、政治資金規正法違反で略式命令を受け、三年間の公民権停止になった。自民党長崎県連事件から二〇年ぶりに政治資金パーティーをめぐる「裏金事件」が表面化したことで、その事件の告発人だった上脇氏と、私のYouTubeチャンネル《郷原信郎《ごうはらのぶお》の「日本の権力を斬る！」》で対談を行った。

私は、二〇年前の自民党長崎県連での政治資金パーティー裏金事件について語り、同様の裏金作りがその後も続けられてきた可能性があり、薗浦氏の事件が他の国会議員にも波及して、不透明な金の流れの温床となってきた政治資金パーティーの問題が大きな「政治とカネ問題」に発展していくのではないかと特捜部の捜査への期待を述べた。

この事件では、当初、薗浦氏が疑惑を全面的に否定し、秘書に責任を押し付けていた。不記載を示す証拠を隠滅していた疑いがあり、多額の「裏金」が作られていたことなど、かなり悪質な事件だった。しかし、在宅のままの略式命令による罰金刑で決着し、他の国会議員に波及することもなかった。私が期待した「政治資金パーティーをめぐる裏金問題」の〝闇〟の解明にはつながらなかった。しかもその時は世の中が裏金に強く反発したわけではなかった。

それから一年後、前述の自民党派閥政治資金パーティーの問題での検察捜査の動きと、自民党関係者側の「危機感」を報じる「選択」の記事をきっかけに、東京地検特捜部が各派閥の事務担当者の聴取を行っていることが新聞でも報じられた。

私は、前記YouTubeチャンネルで、【上脇教授と語る『岸田自民に「カネの大醜聞」各派閥が検察の捜査対象に』】と題して上脇氏とのオンライン対談を行い二三年一一月一一日にアップした。

「選択」の記事で党関係者が「何年も同じ不記載が続いていては、うっかりミスでは済まされず、意図的継続的に行われたものだという心証を持たれた」とコメントしていることや、そこから目をそらすための「解散風」が話題になる状況も含めて考えると、パーティー券収入二〇万円超の不記載だけではなく、もともと記載すべき収入と支出の全体像が管理されておらず、ずさんな管理のもとでの意図的な裏金作りが行われていた可能性も十分に考えられた。

とはいえ、この問題が、当時、安定多数の議席を確保していた自民党政権を危機的事態に追い込む重大な問題に発展するとは、私も、上脇氏も、全く予想はしていなかった。

ノルマ超売上の所属議員側に還流した裏金

二〇二三年一二月一日、朝日新聞が、朝刊一面で最大派閥の政治団体「清和政策研究会」（安倍派）がパーティー券の販売ノルマを超えた分を所属議員側に還流させ、政治資金収支報告書に記載せず裏金としていた疑いがあることを報じた。「その不記載額は年数千万円に上り、最近五年間で計一億円超に達する可能性があり、東京地検特捜部は政治資金規正法違反（不記載など）容疑での立件を視野に捜査を進める」という内容であった。ここで初めて、検察の捜査に関連して、自民党派閥政治資金パーティーについての「裏金問題」が具体的に報じられた。

それまで私が想定していた「政治資金パーティーをめぐる裏金」というのは、パーティーの主催者側が、売上の一部を収入として計上せず、表に出さない「裏金」とすることだった。しかし、朝日新聞が報じた「裏金」というのは、パーティー券の販売ノルマを超えた分を所属議員側に還流させて議員側に「裏金」を得させていたという話だった。

私はその直後の一二月三日放映のBS朝日の《激論クロスファイア》【岸田政権を揺るがす〝政治とカネ〟問題……実態と今後の展開】と題する番組に出演した。自民党派閥政治資金パーティーをめぐる問題について、政治ジャーナリストの田﨑史郎《たざきしろう》氏は、「この事件は大事件になる。『令和のリクルート事件』になる」と言っていたが、私には、その時点では、それ程の大事件になるとは思えなかった。

しかし、その後の展開は、田﨑氏が予想していたとおりになった。パーティー券の販売ノルマを超えた分が所属議員側に還流していた金額が、その後の報道で次第に膨れ上がっていった。志帥《しすい》会（二階《にかい》派）に関しても、政治資金パーティーについての収支報告書の不記載の問題が報じられた。

還流にかかる不記載額は、安倍派だけで五年間で五億円に達すると報じられ、十二月中旬頃からは、個々の議員への還流金額が、連日のように新聞、テレビを賑《にぎ》わすようになった。

当時、国会では臨時国会が開かれていた。野党は、裏金疑惑が報じられた閣僚に対して、還流金の裏金を受け取っていたのかを問い質《ただ》したが、「捜査中なので答弁は差し控える」ばかりだった。そのような煮え切らない答弁に対して、国民の不満はますます高まり、「裏金疑惑」の徹底解明が強く求められる状況になっていった。

政治家の「裏金」が、これだけ大きな話題になり、それ自体が、マスコミや国民からの糾弾の対象になったのは、初めてであった。その約一年前の薗浦議員の政治資金パーティーをめぐる裏金問題も四〇〇〇万円を超える少なくない金額だったが、刑事処分も略式命令という非公開の手続で決着し、大きな問題にはならなかった。

それとの比較で言えば、安倍派という自民党の最大派閥に関わる事件であり、金額も五年間で合計五億円という多額に上る、ということで事件全体の規模には大きな差があった。どのような政治家が刑事責任を問われるのかもわからなかったが、「裏金問題」に対する世の中の批判だけは急速に高まっていった。

「裏金問題」が巨大台風に発達した背景

なぜこのとき、「裏金問題」に対する世の中の批判が急激に高まったのか。

そこには、国民の「課税に対する不公平感」があった。ちょうど、同年一〇月にインボイス制度が導入され、会計処理の透明化の動きが中小企業にも及び、多くの国民がその負担に喘《あえ》いでいる状況にあった。そこに、自民党派閥の「裏金」という言葉が出てきたため、政治家の「領収書不要の不透明な金のやり取り」が課税を免れていることに対して強烈な反発が生じたのである。

かつての日本社会では、「表に出せないお金」というものが存在するのが現実であり、それは「潤滑油」的なものとしてやむを得ないものとの認識があった。表に出さないで処理していた金、つまり「裏金」が、税務調査などで発覚すると多額の追徴税・重加算税を課されることがあるが、それ自体が犯罪だという認識まではなかった。政治の世界も例外ではなく、表に出せない使い途《みち》の金というものも一定程度存在する、ということが「暗黙の了解」になっていたように思える。

裏金が、企業から政治家や官僚への賄賂《わいろ》など違法行為に使われ、それが刑事事件化した場合には、政治家に対しても企業に対しても厳しい批判が行われるが、単に裏金の存在が指摘されるだけであれば、それ程問題にされることはなかった。

しかし、このような「不透明な隠された金」に対して、世の中の見方は、確実に厳しくなっていた。企業の会計処理においても、上場企業では公正開示が重視され、そのルールも厳格化され、非上場企業、中小企業においても、従来はそれ程厳しくなかったが、インボイス制度の導入に伴い、企業自らの負担によって経費処理を厳密に行うことが求められるようになり、それに対して、とりわけ小規模事業者からは大きな反発が生じていた時期に、政治の世界の大規模な裏金が明らかになり、閣僚クラスも含む政治家への課税が手ぬるいことに対して国民の不満反発が生じたのである。

「裏金問題」は、海水温の高い海域で急速に発達する台風のように猛烈な破壊力を持つものになっていった。ここで「急激な発達をもたらす海域」になったのが、インボイス制度への不満、課税の不公平感が国民の間に広がっている世の中だったのである。

空前の検察捜査態勢と強制捜査着手

一二月一三日に臨時国会が閉会し、翌一四日、岸田首相は、裏金の受領が報じられた四閣僚を辞任させた。

東京地検特捜部の捜査が本格化し、全国から応援検事数十人を集めて異例の大規模態勢で捜査を行っていることが報じられ、安倍派に対して強制捜査が行われるとの観測も出始めた。直近五年間で計五億円規模に上るとされる安倍派の裏金の解明に乗り出す検察が、国民の期待を一身に背負う形になっていた。

政治資金規正法は、「政治資金の収支の公開」と「寄附の制限」を内容としている。「寄附の制限」というのは、国の補助金や出資を受けている会社による寄附の禁止（二二条の三）、三事業年度以上にわたり継続して欠損を生じている会社による寄附の禁止（二二条の四）など、寄附自体を禁止するもので、禁止された寄附を行うこと自体が違法行為ないし犯罪となる。

裏金というのは、「収支の公開」の問題であり、金銭の授受自体が違法行為ないし犯罪なのではない。政治資金の収支の公開の要請に反するから問題なのである。世の中で裏金に当たる金銭を受領したこと自体が法律上ただちに犯罪であるかのように認識する人も多かったが、それは誤解だった。

政治資金パーティー主催者側の立件

安倍派の「派閥政治資金パーティー」をめぐるノルマ超のパーティー券売上の還流金について、政治資金規正法上の問題としては、二つの方向があった。

まず、捜査の対象となるのは、政治資金パーティーを主催した安倍派側の問題だ。

こちらの方は、政治団体の「清和政策研究会」(安倍派)の政治資金収支報告書について、会計責任者が、政治資金パーティーの収支を正しく記載する義務に違反し、ノルマ超の売上を還流させた分を収入から除外して記載したことについて、安倍派の収支報告書の「虚偽記入罪」が成立することは明らかだ。

問題は、その刑事責任がどの範囲に及ぶのか、国会議員にまで及ぶのかだった。報道によれば、安倍派では、森喜朗《もりよしろう》氏が会長だった一九九〇年代末から、このような「ノルマ超の売上の裏金による還流」の方法がとられていたとのことだった。それを継続していくことの実質的な意思決定は、派閥の会長が行っていた可能性が高い。この虚偽記入罪の共謀は、基本的に会長と会計責任者の二人だけというのが常識的な見方だった。しかし、問題となっている時期の会長の細田《ほそだ》博之《ひろゆき》氏は、すでに亡くなっていた。

では、会長と収支報告書の記載義務を負う会計責任者との中間に位置する「事務総長」のポストに就いていた国会議員について、虚偽記入罪の「共謀」で処罰できるか。単に、「ノルマ超の売上の還流」について、従前どおりに行うことを会計責任者から報告を受けていたというだけでは、通常、国会議員について共謀の刑事責任を問うことは困難だ。安倍派の収支報告書の記載について、幹部の国会議員の刑事立件も容易ではないと考えられた。

「還流金」受領議員側の立件の困難性

さらにハードルが高いのは、「裏金受領議員」側の刑事立件だった。議員名と金額と、「政治団体の収支報告書に記載していないこと」が次々と報じられ、これらの裏金議員は収支報告書の不記載・虚偽記入罪で刑事立件され処罰されるのが当然のように世の中には思われていた。

しかし、政治資金規正法には、そのような「政治家個人が受領する裏金」の処罰が困難だという重大な欠陥がある。それを、私は、「政治資金規正法というザル法の真ん中に空いた大穴」と呼んできた。

このことは、かつて二〇〇九年頃、西松建設事件の際に、自民党大物議員への裏金の供与が報じられた時、ネット記事で指摘し、二〇二一年二月Yahoo!記事【政治資金規正法、「ザル法」の真ん中に〝大穴〟が空いたままで良いのか】、二〇二三年に公刊した『〝歪んだ法〟に壊される日本　事件・事故の裏側にある「闇」』（KADOKAWA）の「第二章　日本の政治がダメな本当の理由～『公選法』『政治資金規正法』の限界と選挙買収の実態」でも指摘している。また、本書の「はじめに」でも述べている。

政治資金としての処理に関しては、その帰属先として、政党支部、資金管理団体、その他の「国会議員関係団体」などがあり、それ自体違法な政治家個人宛の寄附ということもあり得る。「裏金」として受け取っている以上、もともと個人宛か、あるいは、どの団体宛か、収入の帰属先を考えておらず、どの収支報告書に記載すべき収入かを特定できない。そのため、政治資金規正法違反の犯罪事実を特定できない、ということになるのである。

では、検察は、上記の「政治資金規正法の大穴」の問題をどのようにクリアしようとしていたのか。

秘書や議員本人に特定の団体の収支報告書の訂正を行わせることができれば、「裏金を本来帰属させるべきであった団体」が特定できる、と考えたのかもしれない。それについて、当初から当該収支報告書に記載すべきであったと認める「自白」をとればよいという話である。

しかし、「裏金」である以上、少なくとも、その受領の時点では、特定の収支報告書に記載する前提で受領したものではなかったはずであり、事後的に特定の団体の収支報告書に収入として記載したとしても、「当初からその団体への記載義務があった」ということにはならない。議員側がどの収支報告書に記載すべきだったかを認める「自白」をすれば、起訴は可能になる。しかし、議員側が、そのような協力を行い起訴されれば罰金刑でも公民権停止となり、議員失職につながる。それを承知の上であえて検察に協力することは通常考えられない。

第 二 章

二〇年前、長崎での「政治資金をめぐる裏金事件」

長崎での裏金との戦い

前章で述べた「政治資金規正法の大穴」の問題を私が認識し、それを指摘し続けてきたのは、検事時代の捜査実務経験によるものだ。

一九九三年に東京地検特捜部に在籍していた際、ゼネコン汚職事件の捜査で、取調べでの恫喝《どうかつ》、威迫、騙《だま》しによってストーリーどおりの調書に署名させる「暴走捜査」が冤《えん》罪《ざい》を生む構図（後年、同事件を題材に「由良秀之」のペンネームで書いたのが推理小説『司法記者』〈講談社文庫〉）に反発し、特捜部と決別することになった。それ以降、広島地検特別刑事部長、長崎地検次席検事等として、地方で検察独自捜査を行ってきたが、そこで最大限に活用したのが政治資金規正法、公職選挙法の罰則だった。

そうした捜査の中で、業者から多額の裏献金が政治家個人に渡った事実をつかみ、政治資金収支報告書の不記載・虚偽記入罪を適用しようとしたが、どの収支報告書（記載先）に記載すべきであったかが特定できないために刑事立件を断念したケースが複数あった。

それが、「政治資金規正法の大穴」という私の問題認識につながった。

検察官としての捜査の中で、最大の経験と言えるのが、二〇〇二年夏から翌二〇〇三年春までの半年余にわたって、長崎地検次席検事として取り組んだ一連の捜査の末にたどり着いた、自民党長崎県連事件であった。

その捜査は、最初から最後まで、まさに裏金との戦いだった。

この事件で明らかになったこと、その捜査経過をあらためて振り返ってみると、二〇年後の自民党派閥政治資金パーティーをめぐる事件にも深く関わる部分がある。そして、自民党と検察との関係に関わる根本的な問題が、そこに存在していた可能性もあるのである。

「自民党長崎県連事件」に至るまでの長崎地検の捜査

二〇〇二年六月、かねてゼネコンとの取引で黒い噂があった建設資材販売会社が破産した。破産手続に関連する代表者の不正について破産法違反の疑いで事務所の捜索差押を行ったところ、証拠物の分析から、ゼネコンとの取引で裏金を還流させている事実が明らかになった。二〇〇二年九月に、中堅ゼネコンの裏金作りに絡む詐欺事件で社員数名を逮捕した。その裏金の使途の解明の捜査で把握したのが、その年の二月に行われた長崎県知事選挙に関して、自民党長崎県連の幹事長が選挙資金の提供をゼネコン各社に要求し、多額の寄附を受けていた事実だった。

県の公共工事を受注している業者から知事選挙に関して寄附を要求したり、受けたりする行為は、公職選挙法一九九条一項の「選挙に関しては当該地方公共団体と、請負その他特別の利益を伴う契約の当事者である者は、当該選挙に関し、寄附をしてはならない」との規定で禁止する「特定寄附」に該当する。公職選挙法違反事件としての立件を検討した。

それまで、特定寄附として公職選挙法違反を立件した例はなく、高検、最高検、法務省刑事局との協議に相当な期間を要した。何とか了承が得られ、一二月初めにゼネコン数社の本社、九州支店、長崎営業所への捜索で強制捜査に着手。そして、同月二六日に、長崎県連事務所を捜索した。その過程で、ゼネコンから長崎県連に渡った多額の裏献金を示す証拠も発見された。

この事件では、長崎県連の幹事長と事務局長が、ゼネコン各社から、県の公共工事の各社受注額に応じた金額の寄附を受け取っていた。そして、幹事長の判断で、一部の寄附については、領収書を交付して「表の献金」として収支報告書に記載して処理し、一部は「裏の献金」として、領収書を交付せず、政治資金収支報告書にも記載していなかった（この「裏の献金」が、幹事長が自由に使える「裏金」に回されていた）。

「表の献金」と「裏の献金」の両方があったため、「裏の献金」も正規に処理された「表の献金」と同様に、「自民党長崎県連宛の寄附」として収支報告書に記載すべき寄附であったことが明白だった。そして、その記載の収入の過少金額について収支報告書虚偽記入罪で立件することが可能だった。

政治に関する裏金の授受でこのように本来の帰属先（または収支報告書の記載先）が立証できるのは稀有《けう》な事例であった。政治資金収支報告書の虚偽記入罪（裏献金分の収入が過少記載されていた事実）で刑事立件し、起訴することができた初の事例となった。

長崎地検の捜索の対象となったゼネコン一二社は、すべて捜査に積極的に協力した。裏金による寄附の事実に関しても、各社の担当者は、長崎の公共工事受注をめぐる構造の下で県連からの寄附の要求に応じざるを得なかった事情やそれに関する具体的な事実を積極的に供述し、社内調査でどこの業者にどのような方法で裏金を作らせたかまで明らかにしてくれた。長崎の公共工事をめぐる談合システムと腐敗構造の真相が明らかになっていった。

二〇〇三年一月中旬、捜査を受けて辞任した自民党長崎県連元幹事長のA氏と元事務局長のY氏を、「表の寄附」についての公職選挙法違反と「裏の寄附」についての政治資金規正法違反で逮捕し、二月上旬に起訴した。

同年七月に言い渡された長崎地方裁判所の判決では、長崎県連のゼネコンへの寄附要求を「近世以前の御用金や暴力団組織の上納金を連想させるような強引、露骨な方法」「県政の運営そのものが、不正な資金提供、自民党長崎県連の影響力によって歪《ゆが》められているのではないかという深刻な疑いを生じさせた」などと厳しく断罪した。

自民党長崎県連事件は、公共工事から「上前をはねる」自民党の金権体質、政権与党と建設業界との癒着・腐敗の典型例として、国会で野党の「政治とカネ」問題の追及の材料とされた。

自民党長崎県連の幹事長が逮捕されたことについて、当時の小泉純一郎首相が、首相官邸で記者の質問に答え、「大変遺憾なこと。政治家として、政治活動に疑念を持たれることのないように、信頼を得られるような活動をしていかなければならない」とコメントしたことが新聞・テレビでも大きく取り上げられ、全国的な注目を集めた。政権発足以来、高支持率を誇っていた「小泉自民党」を直撃する事件に発展していった。

諏訪神社「節分・豆まき」をめぐるエピソード

この時の検事総長は原田明夫《はらだあきお》氏、一九九〇年に私が公正取引委員会に出向した時の法務省の人事課長だった。その後、刑事局長、事務次官と順調に昇進を重ね、検事総長の職に就いていた。

法務官僚の中では「改革派」と言われた人で、公取委出向当時から、私のことを目にかけてくれた。年賀状などで、「検察に新風を巻き起こしてくれている貴兄に期待している」と付記してもらったこともある。私にとっては、自分を理解してくれる信頼できる大先輩だった。

原田検事総長であれば、私が次席検事として指揮した長崎地検の捜査についても、その意義を理解し、評価してくれているものと思っていた。

しかし、長崎県連事件の捜査が佳境に入っていた一月末頃、そういう私にとっての原田検事総長のイメージが大きく崩れる出来事があった。

二月三日は節分、私はその年、誕生日を迎えれば満四八歳、「年男」だった。

当時の私の住居は、長崎市玉園《たまぞの》町の次席検事官舎、そのすぐ近くに、「くんち」で有名な諏訪神社があった。

そこでは、毎年、節分の日に、市内の年男が神社の境内で豆まきをする行事があり、私も、行きつけの店で知り合った地元の人に勧められて、羽織袴《はかま》の貸衣装を着て、豆まきをする予定になっていた。

その年の四月一日付けで、長崎地検から東京地検への異動の内示を受けており、長崎での二年間の最後の思い出の一コマになるはずだった。

私は、長崎地検次席検事としての勤務が、自分にとって大変貴重なものとなったことへの感謝の心を込めて、その「諏訪神社での豆まき」のことについて、原田検事総長宛にメールを送ることにした。検察内のLANシステムで、全国の検察庁職員間でメールを送ることは可能だった。

「長崎に赴任し、その直後に実父が急逝するという不幸から始まった長崎での勤務でしたが、無事に二年間勤務することができ、その任期中に、自民党長崎県連事件の捜査で思う存分力を発揮することができました。それも、原田総長以下、検察の先輩諸兄のおかげです。深く感謝しています」と述べた上、「『節分の日』には、諏訪神社の境内で毎年行われる恒例行事の『年男の豆まき』に参加する予定になっています。貴重な思い出になりそうです」というようなことを書いたメールを原田総長宛に送った。

その時点では豆まきのことは、長崎地検の内部では誰にも話していなかった。

その翌日、福岡高検次席検事から長崎地検次席検事の私宛に電話がかかってきた。何事だろうと思って電話をとると、いきなり、「諏訪神社で豆まきをする予定のようだね」と聞かれた。「はい」と答えると、「豆まきはやめなさい」と言われた。

「どうしてですか」と聞くと、「長崎県連事件で自民党と戦っている時に、『豆まき』の行事に出たりすると、長崎地検の次席検事が『鬼は外』と自民党相手に鬼退治をしようとしていると、マスコミに面白おかしく書かれる恐れがあると懸念する声がある」という話だった。

検察内で私が諏訪神社の豆まきの行事に参加するという話を知っているのは、私がメールで知らせた原田検事総長だけだった。その原田総長が、「豆まきはやめさせろ」と福岡高検に指示したとしか考えられなかった。

豆まきで「自民党の鬼退治」、どうして、そのような子供じみた発想が出てくるのか、そのことの何が問題なのか全く理解できなかった。しかし、私もその時は「宮仕え」の身、プライベートなこととは言え、高検次席からそのような指示があれば従わざるを得ない。貸衣装を手配してくれていた人には体調を理由に断りの連絡をし、豆まきに出ることは諦《あきら》めた。

長崎勤務の貴重な思い出になるはずだった諏訪神社での豆まきは、こうして幻に終わった。原田検事総長という人は、私が思っていた、私の理解者の原田明夫先輩とは全く別人になっていることがわかった。

長崎県議会議長の供述

元県連幹事長A氏、元事務局長Y氏の公選法違反、政治資金規正法違反の捜査が大詰めを迎える中で、長崎地検捜査班は、次の捜査の展開として、その前任の幹事長で、当時、長崎県議会議長だったK氏に照準を合わせていた。

自民党長崎県連幹事長がゼネコンの九州支店に出向いて選挙資金の寄附を要請する「公共工事による利益の収奪システム」は、K氏のさらに前任の幹事長T氏の時代に確立され、それ以降継続されていた。しかし、A氏以前の幹事長については、「選挙資金の寄附」の要請が行われていたことについても、裏献金についても直接的な証拠は得られておらず、しかも、すでに公訴時効が完成していた。

一方、K氏については、県連の捜索で押収された証拠物から明らかになった二〇〇〇年の長崎県連主催の政治資金パーティーをめぐる政治資金規正法違反の疑いがあった。

県連の政治資金収支報告書には、一枚二万円のパーティー券を約八五〇〇枚販売し、約一億七〇〇〇万円の収入があったと記載されていた。逮捕後の元事務局長Y氏の供述によると、実際には一万枚余り販売し、二億円余りの収入があったにもかかわらず、K氏と共謀して、三〇〇〇万円以上の収入を裏に回し、政治資金収支報告書にパーティー券収入を実際より少なく記載したとのことだった。それによって作った裏金は、一部を、そのパーティーの来賓に招待した自民党幹部への数百万円もする高級陶器（臥牛窯《がぎゅうがま》）の「お土産代」に充てたほか、県連の金庫に保管され、裏金になっていたというのだ。さらに、その金を、県議会での議長選挙の際の工作資金に使った疑いも生じていた。パーティー券収入の金の流れについても、銀行捜査や県連職員の取調べで、元事務局長Y氏の供述がほぼ裏付けられた。

二月一日の取調べで、県連の会計書類を示され、追及されたK氏は、パーティー券収入の一部を政治資金収支報告書から除外して裏に回すことについても了承したと供述した。

最高検での協議で、「県議会議長逮捕」は了承されず

元幹事長A氏、元事務局長Y氏の勾留《こうりゅう》満期は二月五日だった。その前々日の二月三日に、福岡高検で処分協議が予定されていた。

その処分協議と併せて政治資金パーティーに関する政治資金規正法違反事件で県議会議長のK氏と当時も事務局長だったY氏の二人を逮捕する方針について了承を得ることにし、二月三日の福岡高検での協議に臨んだ。

その場で、検事長は「長崎地検が、いろいろ制約がある中で少ない人数でここまでやってきたのだから、高検としても地検の捜査方針が最高検で了承されるようにできる限りの支援をしたい。最高検に行って捜査方針を了承してもらうよう頑張ってきなさい。高検からも刑事部長を行かせよう。とにかく最高検を説得することだ」と、福岡高検として全面的に支援することを明言してくれた。

翌二月四日、最高検で行われる協議のために、長崎から東京に向かった。

検事長の指示で高検刑事部長も加わり、その日の午後から最高検で協議が行われた。最高検側は、最高検刑事部長と担当の最高検検事だった。

長崎地検の作成資料に基づいて、事案の内容と、捜査方針を説明したが、最高検刑事部長から、「政治資金パーティーの収入を一部除外したという政治資金規正法違反だけでは、現職の県議会議長を逮捕すべき事件とは言えない、Kを逮捕して議長選挙をめぐる事件に着手すると四月に予定されている統一地方選挙に影響を及ぼす」などと言われ、我々の捜査方針は了承されなかった。

とうてい納得できない理由だった。その時点は、まだ二月の初旬であり、四月の統一地方選挙への影響など問題になるとは思えなかった。

その時の最高検刑事部長の態度から、「長崎地検の捜査方針」を抑え込もうとしていることは明らかだった。

刑事課長からの「マスコミへの圧力問題」の言いがかり

その後、法務省刑事局刑事課長に呼ばれて刑事課に立ち寄った。「長崎地検次席検事がマスコミに圧力をかけたことが新聞の東京本社側で問題になっている。今後の捜査継続の重大な支障になりかねない」などと思いもよらぬことを言われた。

その「圧力」というのは、次席検事レクで自民党長崎県連とマスコミとの懇親会について言及したことを言っているようだった。確かに、その数日前、週に一回の次席検事レクの際に、長崎県連とマスコミとの懇親会のことを話題にしたことがあった。年に一回、県連と長崎のマスコミ各社との懇親会が行われていた。その当時、長崎のマスコミ各社は、自民党長崎県連事件のことを連日大きく報じており、そういうマスコミの地元記者が、県連との懇親会で県連側に費用を負担してもらっているとすれば、好ましいことではないのではないか、と注意を呼び掛けたものだった。

刑事課長は、次席検事の私が、マスコミ対応で問題を起こしたことを取り上げ、「捜査の続行は諦めろ」ということを言いたいようだった。全くの「言いがかり」だった。

私は、次席検事レクで記者達に話した内容を説明し、「圧力をかける意図などないし、全く問題ないと思う」と述べた。私は、東京の何人かのマスコミ関係者に、長崎地検の自民党長崎県連事件の捜査に関して、次席検事の私のマスコミ対応が問題になっているのかどうか聞いてみた。聞いた範囲では、「そのような話は全く聞いたことがない、『圧力』という話も出ていない」とのことだった。長崎に戻った後も、担当記者の何人かに聞いてみたが、そういうことが問題になっているという話は全く聞いたことがないと言っていた。次席検事から自民党長崎県連との懇親会のことを指摘され、そのような特定の政党の地方組織との懇親会に参加して費用を負担してもらっていたことは問題だったので今後は改めようと受け止めているという話だった。

刑事課長が、東京のマスコミから、私の記者対応について情報を収集し、県連との懇親会についての発言を問題にして、長崎地検の捜査を中止させるネタにしようとしたとしか考えられなかった。

検事正への「譴責」の恫喝

ちょうど私が長崎に帰った直後に、福岡高検次席検事から電話があった。

「検事正が、大変な決断をされたようだ」と伝えてきた。

ちょうど、その時期、法務省で、「検察長官会同」という、全国の高検検事長、地検検事正が一堂に会する年に一回の会合が開かれていた。長崎に戻った検事正から聞かされた話は衝撃だった。

長官会同の後、最高検刑事部長に呼ばれ、その場で、「次席が長崎での記者対応で問題を起こした。県連とマスコミの懇親会のことでマスコミに圧力をかけた。この問題で、検事正も譴責《けんせき》をすることになる」と言われたというのだ。

検事正の話では、最高検刑事部長は、長崎地検の自民党長崎県連事件の捜査を断念させようとしてそのような話を持ち出し、それに応じないのなら、譴責処分という、検事正に対する懲戒処分を行うことを示唆したとのことだった。

検事正は、「『譴責をされるのであれば、辞職します』と言っておいた。私は、そういう最高検に屈するつもりはない」と言ってくれた。捜査については、従前どおり進めてくれということだった。

検事正が、最高検や法務省からの「圧力」に屈することなく、「盾」になって長崎地検の捜査を守ってくれたのだった。

検察・法務省の「自民党への借り」と検察の「裏金」問題

それにしても、なぜ、最高検や法務省が、そこまでして、長崎地検の捜査を止めようとしたのか。

当時の自民党にとって、政治資金パーティーは、企業からの政治資金を得る生命線のようなものになっていた。自民党の地方組織の一つである長崎県連が開催した政治資金パーティーの問題で現職県議会議長が逮捕されたということになると、その影響が全国の自民党組織に及び、大打撃を受けかねない、ということが背景にあったのではないか。

一九八〇年代末のリクルート事件など、数々の「政治とカネ」をめぐる事件が表面化し、それを受けて、企業・団体献金原則禁止の政治資金規正法改正が行われるなどしたため、自民党は、従来のようなゼネコン等の企業からの資金集めがやりにくくなっていた。その中で唯一の「抜け道」になっていたのが政治資金パーティーだった。

最高検、法務省が、そういう自民党の政治資金獲得システムに気を遣ったとすると、そのちょうど一年前に、大阪高検公安部長だった三井環氏が告発しようとした「検察の裏金問題」と関係している可能性があった。

二〇〇二年四月二二日、三井環氏が詐欺容疑で大阪地検特捜部に逮捕され、その後、収賄罪で再逮捕され、起訴されて、実刑判決を受けた。

当初の逮捕が、三井氏が検察庁の調査活動費の不正流用（裏金化）を実名告発する民放テレビのインタビューを受ける直前だったことから、検察の裏金問題を隠蔽《いんぺい》するための「口封じ逮捕」だと非難する声があがった。三井氏は、出所後の二〇一〇年に出版した著書『検察の大罪　裏金隠しが生んだ政権との黒い癒着』（講談社）の中で、次のように述べている。

（二〇〇一年）一〇月末、法務検察の世紀最大の汚点が実行された。

元法務大臣の後藤田正晴に近い筋からの情報によると、原田検事総長と松尾邦弘法務事務次官、古田佑紀刑事局長が、後藤田氏の事務所を訪ね、加納人事が承認されないと裏金問題で検察がつぶれると、泣きを入れたと言われる。これを後藤田氏は後に「けもの道」と名付けたと言われる。

検察がときの政権にすり寄って、貸し借りを作る。これは検察が政権に対して取るべき道ではない。人が取る道でなくけものが取る道、もしくは邪道である。私が「けもの道」というゆえんなのである。

政権側も、検察が隠し持つ毒を「飲み」、表面的にはうまくおさめる。結果、その共犯の行為が検察と政権のその後の関係を決定していくことになるのである。

長崎地検の政治資金パーティー事件の捜査が本格化した二〇〇三年二月というのは、三井氏が「検察調活費問題」で自民党側に「借りを作った」としている出来事の一年余り後だ。

三井氏が同書で述べているように、法務・検察が、検察の裏金問題をもみ消すために、政権側にすり寄り、「借り」を作ったとすると、その後、自民党を刺激することを避けたいという配慮が働き、自民党に打撃を与える長崎地検の捜査を抑え込もうとした可能性がある。

一月下旬の原田検事総長からとしか考えられない「諏訪神社での豆まき中止指令」も、検察の自民党への「異常なまでの配慮」をうかがわせる出来事だった。当時の自民党にとって重大な打撃を与えることになる県連の政治資金パーティーの問題でのK氏の逮捕を、次席検事の私のマスコミ対応に言いがかりをつけたり、長崎地検検事正を譴責するなどと言って脅しをかけたり、まさに、なりふり構わず抑え込もうとした最高検や法務省のやり方の背景には、そういう「検察の裏金」をめぐる自民党と検察との「闇の世界」があったということかもしれない。

しかし、K氏逮捕の了解は得られなかったものの、検事正が「盾」になってくれたことで、長崎地検の捜査をそのまま続行できることになった。

二月中旬に捜査を終結させれば、統一地方選挙への影響を問題にされる恐れもなかった。逮捕等の強制捜査が最高検や法務省に了承されないのであれば、任意捜査の範囲でやるしかない。K氏の在宅起訴をめざす方向に捜査方針を切り替え、わずかな期間だったが長崎地検捜査班が全力を挙げて捜査に取り組んだ結果、在宅のまま略式起訴に持ち込むことができた。略式命令を受けて罰金刑となったK氏は公民権停止となって県議会議員を失職した。

長崎地検としては、自民党長崎県連の政治資金パーティーをめぐる裏金事件について、最高検、法務省刑事局側からの捜査への強烈な逆風の中で、最大限の事実解明と政治資金規正法の適用を行い、当時の県議会議長を公民権停止に追い込んだ。

しかし、在宅略式起訴にとどまったため、自民党の最大の資金源になっていた「政治資金パーティーをめぐる裏金問題」を世に問うことはできなかった。裏金の構図は、そのまま生き残り、それが、二〇年後に表面化したのが、「派閥政治資金パーティー裏金事件」だった。

その裏金事件での東京地検特捜部の捜査の結果、唯一、政治資金規正法違反での有罪が確定しているのが谷川《たにがわ》弥一《やいち》衆議院議員（当時）だ。

実は、谷川氏は自民党長崎県連で逮捕・起訴されたA氏の前々任の幹事長T氏だった。

第 三 章

議員逮捕と検察捜査の終結

池田議員逮捕の無理筋

安倍派の政治資金パーティーの売上の国会議員への還流金は、所属議員側に、政治資金収支報告書に記載しないように指示して渡されたとされており、それは、当該議員の資金管理団体、代表を務める政党支部いずれの政治資金収支報告書にも記載しない資金として、議員側に提供された裏金であることは明らかだった。

それを政治資金規正法違反で刑事立件しようとすれば、本来の帰属先の団体、どの収支報告書に記載すべきだったかが立証できないという「政治資金規正法の大穴」の問題が立ちはだかることになる。

裏金受領議員の政治資金規正法違反での処罰は、もともと無理筋だった。

私は、政治家個人に渡った裏金について、政治資金規正法での処罰は困難であること、安倍派の裏金受領議員の問題も、まさに「大穴」によって処罰が困難な事例の典型だという指摘を様々な場で行ったが、「政治資金規正法の大穴」の問題は、ほとんど無視されたまま、全国からの応援検事を含めた大規模捜査態勢による検察捜査が行われた。

二〇二三年一二月三一日には、NHKが【安倍派　複数議員側　パーティー収入約一億円 派閥側に納入せずか】と題して、かねて「中抜き」と言われてきた、ノルマを超えるパーティー券収入を派閥所属議員側が手元にプールし、派閥側に入金していなかった金額が五年間で一億円を超えることを報じた。

一月六日になって、毎日新聞が【安倍派二議員の立件へ　パーティー収入不記載疑い　地検特捜部】、フジテレビが【二階俊博《としひろ》元幹事長を任意で事情聴取　自民党・派閥の政治資金パーティーめぐる事件で　東京地検特捜部】、七日には、朝日新聞が【安倍派・池田議員を逮捕へ　裏金四八〇〇万円、不記載か　東京地検】と報じた。その報道のとおり、一月七日に池田佳隆議員と資金管理団体の会計責任者の政策秘書が、政治資金規正法違反容疑で逮捕された。

その他の「裏金議員側」の刑事処分

一月一九日に派閥の会計責任者と議員の政治団体の会計責任者五名ら計八名が起訴（略

式起訴を含む）され、捜査は概《おおむ》ね終結し、受領した側の議員については、すでに逮捕されていた池田議員が勾留満期の一月二六日に起訴され、同時期に大野泰正参議院議員も政治資金収支報告書の虚偽記入で在宅起訴、谷川弥一衆議院議員も略式起訴された。上記三名の議員のほかは、所属議員側の刑事処分は行われなかった。

議員側の会計責任者については、不記載・虚偽記入の金額によって、一定以上の金額の事案に限定して処分する方針であるかのように説明されたようだが、実際には、ここでも「政治資金規正法の大穴」の問題が立ちはだかる。会計責任者が「自白」してくれない限り、どの収支報告書に記載すべきであったかを特定することはできない。

議員側が「政策活動費だと認識して受け取り、政治資金収支報告書には記載していなかった」と説明し、「どの収支報告書に記載すべきか考えたこともなかった」と供述して記載義務の認識を否定した場合、起訴することは困難だったはずだ。

谷川氏は略式決着に応じて、起訴事実を争わなかった。八二歳と高齢で、しかも、小選挙区だけで六回の当選を重ねてきた長崎三区が次回衆院選では議員定数の見直しで再編されることになっていた。受領した還流金の額は約四三〇〇万円とされていたが、それが全額政治資金の寄附と認定されて略式命令で一〇〇万円の罰金刑を受けることになると、後述するように、所得税も課税されないで済むことになる。

結局のところ、検察が、政治資金収支報告書の虚偽記入罪での刑事立件にこだわったために、「無理筋の起訴」か、議員側が政治資金規正法違反を争わない前提での「取引的決着」のいずれかにならざるを得なくなったのである。

清和会事務局長松本氏の公判での検事の主張

清和会事務局長の松本淳一郎《まつもとじゅんいちろう》氏（政治団体としての清和会の代表者兼会計責任者）の公判における検察官の冒頭陳述・論告の内容からも、清和会から所属議員に渡った寄附が、政治団体宛ではないことが一層明白となった。

検察官冒頭陳述では、販売ノルマ超過分について「還付金」「留保金」として所属国会議員に供与されることについて述べた上、「それらは、一旦清和会のパーティーの会費収入として清和会に帰属した後、清和会が会員（所属国会議員）等の政治団体に帰属させることとしたものであり、清和会から当該会員等の政治団体に対する寄附であった。しかし、清和会ではかねてから、清和会の各年の収支報告書の『寄附・交付金』欄には、還付金及び留保金に相当する金額を除いた金額を記入していた」と述べていた。これら還付金及び留保金相当額は、清和会のパーティー収入として計上すべき金額であるのに、それを除外した金額を清和会の収支報告書に記載していたとしていた。

「清和会から所属議員の政治団体に対する寄附」を受領した政治団体は、通常は、その政治団体側が、寄附を収支報告書に収入として記載する。清和会側が還付金等として議員側に渡した分を収支報告書のパーティー収入から除外して記載するのであれば、還付金等を供与した所属議員側の政治団体の収支報告書に記載しないよう何らかの対策を講じておかないと、清和会と議員側の収支報告書の記載が相互に整合しないことになる。その点について清和会側が所属議員に何らかの指示をしていたはずである。実際に議員側の多くが、清和会側から「収支報告書に記載しないでよいと言われた」と説明している。

しかし、この点については、検察官の冒頭陳述では全く触れていないし、論告でも、「所属議員側への寄附が政治団体等の収支報告書に記載されることによってそのような過少記載が発覚することがないよう、清和会からの寄附を収支報告書に記載しないよう指示していた」ことについての言及は全くない。

「清和会の政治資金収支報告書のパーティー収入の過少記載の虚偽記入」の犯罪は、所属議員らが政治団体等の収支報告書に記載しなかったからこそ発覚しないで継続することが可能だったのであり、その点について、所属議員側にどのように指示し、どのように認識していたのかが、清和会側の収支報告書の過少記載の虚偽記入の犯行の核心である。ところが、検察官はその点を立証しようとすらしなかった。

それは、清和会側が「還付金等は収支報告書に記載しないように」と指示していたことと「議員側の政治団体に宛てた寄附だった」という検察の主張との整合性に配慮したものとしか考えられなかった。

裏金は「個人所得」ではないのか

もう一つの重要な問題は、政治家が、「政治資金収支報告書に記載しない前提」で還流金を受領した場合、それは個人所得として課税の対象になるのではないか、ということだった。

経済評論家の野口悠紀雄《のぐちゆきお》氏は、「パーティー券収入そのものが非課税であっても、使途を限定していないキックバックは課税所得であるはずだから、それを申告していなければ脱税になるはずだ」と主張し続けていた（【改めて問う、自民党パーティー券問題は、なぜ脱税問題にならないのか】現代ビジネス）。

野口氏は、「派閥からは、キックバックは政治資金収支報告書に記載しなくてもよいとの指示があったと報道されている。ということは、政治資金として使う必要はなく、どんな目的に使ってもよいという意味だろう。だから、この資金が課税所得であることは、疑いの余地がなく明らかだ」「もし最初から全額を政治活動に用いるのであれば、キックバック収入は堂々と収支報告書に載せて公開するだろう。そうしなかったのは、それによって、政治活動以外の用途に使える資金源が増えると考えたからではないのか？つまり、脱税の意図があったと推定されるのではないだろうか？」と指摘していた。

野口氏の指摘のとおりである。収支報告書に記載しない前提で受領した裏金は、どこの団体に帰属させるかを問題にするまでもなく、原則として個人所得ということになる。裏金を受領した議員側が行うべきことは、政治資金の処理ではなく、所得税の修正申告をして所得税を納めることだった。この場合、個人所得となる裏金の金額如何《いかん》では、国税の告発によって脱税の刑事事件になることもあり得る。もっとも、明らかになっている政治資金パーティーのキックバックの金額の程度では、告発基準は充たさない可能性が高い。

この問題に関して、三月一四日のBSフジ「プライムニュース」に出演した元検事の高井《たかい》康行《やすゆき》弁護士が、興味深い発言を行った。

それまでにも特捜捜査が社会の耳目を集める度に、検察実務に詳しい識者としてテレビ等に出演し、「解説」を行っていた高井氏だったが、その時も、まさに検察の論理から、裏金議員への所得税課税を全面的に否定した。

高井氏は、

「今回の事件は、派閥から政治団体にキックバックされている案件。派閥から議員個人にキックバックされているわけではない。当然検察も、派閥から政治団体にキックバックされた、だからキックバックされた金は政治団体に帰属するもの、だから収支報告書に書かなければいけない、という論理で起訴している。

政治活動費として受け取った金から政治活動として現に使ったものを差し引いた残りがあれば、雑所得として課税されるが、東京地検特捜部の捜査で政治団体に帰属すると認定されているのだから、これはその、所得税法の問題は生じない」

などと説明した上、

「仮に、キックバックされた、政治団体にキックバックされたものを私はこれ個人的に全部雑所得として申告しますなんていうことをやったら、検察に喧嘩《けんか》を売るのかと。検察は、政治団体に帰属していると言っているにもかかわらず、これは個人所得だということだから検察の認定を争うことになる。おまけに、仮にそうだとすると、政党以外からは議員個人は寄附を受けてはいけないことになっているから、不記載罪、虚偽記載罪にはならないかもしれないけれども、個人で寄附を受けてはいけない、政党以外からは受けてはいけないという規定に引っかかって懲役（ママ、正しくは「禁錮《きんこ》」）一年以下あるいは罰金五〇万円以下になるんです。ですから、仮に今回受け取ったもの、政治団体にキックバックされたものを全部私の所得でございます、と申告したら、とんでもないことが起きる」

と発言した。

裏金議員への課税問題について、検察が説明をするとすれば、高井氏の発言のとおりだろう。しかし、さすがに、そのような説明では検察の処分に対して世の中の理解は全く得られない。しばしば記事上に出現する「匿名の検察幹部」ですら、そのような解説はしていなかった。

高井氏の発言によって、この事件で、裏金受領議員が所得税の納税を免れている根本的な原因が検察の捜査処分にあること、検察の捜査の方向が根本的に誤っているために、裏金議員が処罰も納税も免れる現在の状況に至っていることが明らかになったとみることができる。

「無理筋起訴」の池田、大野両氏は、公判での主張如何で無罪の可能性も

池田、大野両氏は、公判では全面的に争う姿勢を示しており、その後、一年以上経っても、公判に向けての動きも、公判予定も全く明らかになっていない。

唯一逮捕された池田議員が他の議員と異なるのは、検察が政治資金パーティー裏金問題での捜査に乗り出していると報じられた二〇二三年一二月八日に資金管理団体「池田黎明会《れいめいかい》」の収支報告書を訂正し、安倍派からの寄附約三二〇〇万円を収入として記載したことだ。これによって、池田議員側が、自ら還流金を記載すべき収支報告書を特定したようにも思えた。

しかし、池田議員の場合も、その時点で収支報告書を訂正したからといって、今後の公判で、寄附の帰属の問題、記載すべき収支報告書の特定の問題が争点とならないわけではない。

この収支報告書の訂正の時点で、池田議員は「政策活動費だと認識して受け取り、政治資金収支報告書には記載していなかった」と説明していた。政策活動費は政党から政治家へ渡される収支報告書への記載義務のない政治資金と認識していたはずであり、資

金管理団体の収支報告書に記載すべきとは認識していなかったという趣旨だ。つまり、資金管理団体の収支報告書の訂正を行ったからといって、還流金を受け取った時点で、訂正した収支報告書に記載すべき義務があると認識していたことを自白するものではなかった。

しかも、池田議員の場合、その訂正以前に受けていた清和会からの寄附は、資金管理団体ではなく自らが代表の政党支部に入金され、その政治資金収支報告書に記載されていた。そのような実態からすれば、池田議員に関連する政治資金について、すべて資金管理団体に入金して収支報告書に記載すべき義務があったとも言い難い。

池田議員が公判で、「資金管理団体の収支報告書に記載すべき義務があるとは思っていなかった。収支報告書を訂正したのは、政治資金パーティー裏金問題が報道され、取調べを受け、還流分も収支報告書に記載すべきだったと言われたので、深く考えることなく資金管理団体の収支報告書を訂正しただけだ」と弁解した場合、検察にとって、池田議員が「毎年の収支報告書の提出の時点で、資金管理団体の収支報告書に記載すべき金と認識していたこと」の立証は、極めて困難なものとなる。

そして、起訴されるまで収支報告書の訂正を行っていなかった大野議員については、この点についての検察官の立証は一層困難だ。

大野議員は、「派閥からの還流金の処理はすべて秘書に任せていた」との説明しか行っていないが、公判では、「どの団体の収支報告書に記載すべきかなどということは、全く考えていなかった」と弁解する可能性もある。

また、大野氏に関しては、二〇二一年に実母が死亡して多額の相続税を納付したとされており、安倍派からの還付金が相続税納付の資金に充てられた疑いも指摘されている。もし、そうであったとすると、裏金が大野氏個人に帰属していたことを示す有力な事実となる。その場合、大野氏が得た裏金は個人所得だったということになり、本来脱税での摘発も検討すべきだったことになる。それはそれで大きな問題だが、検察にとって脱税を問題にすることは、還流金が政治団体に帰属したことを前提とする起訴事実を否定することになりかねない。いずれにしても、検察にとって政治資金規正法違反での有罪の立証は容易ではない。

「裏金議員」に〝最悪のイメージ〟を生じさせた谷川弥一氏

検察が、「取引的決着」で何とか略式起訴に持ち込んだのが、谷川弥一衆議院議員（当時）だった。長崎三区選出の衆議院議員だった谷川氏に対しては、二四年一月二六日付けで東京簡易裁判所が罰金一〇〇万円、公民権停止三年の略式命令を出した。谷川氏は、本人と会計責任者が寄附の帰属先を認める自白をし、略式命令を受け入れたことで、政治資金規正法違反での罰金刑が確定したものと考えられる。

谷川氏は、二〇二三年一二月一〇日、四〇〇〇万円超の裏金のキックバックを受けた疑いがあると報じられた当日の夕刻、報道陣の囲み取材に応じた。事実関係を確認されると、「読み上げますよ。清和政策研究会のパーティー券の問題について、刑事告発を受けている案件でもあり、事実関係を慎重に調査・確認をして、適切に対応してまいりたい」と答え、ノルマやその後の議員活動に関する質問が続くと、「頭悪いね。質問しても、これ以上、今日言いませんと言っているじゃない。わからない?」と記者を責めた。

そして、谷川氏は、一月二二日に大村市で記者会見を開き、還流分について「政治活動に使った。飲食や会合などに使った。相手は答えられない。個人的に使った記憶はない。すべて私が悪い」「大臣並みの金を集めてやろうと思った。力をつけたかった。それで長崎県が抱えた課題を処理したかった」などと述べた。

結局、政治資金パーティー裏金問題で刑事処分を受けた国会議員は、現時点では谷川氏だけだ。それも、四〇〇〇万円もの「還流金」の裏金を受領していたのに、「政治活動に使った」と言うだけで、所得税の支払も免れ、一〇〇万円の罰金を支払うだけですべてが済まされてしまった。

谷川氏の記者への発言の映像が繰り返しテレビ放映された。「頭悪いね」という、不《ふ》遜《そん》な物の言い方、「すべて私が悪い」と言いながら、何一つ「悪い」と思ってはいないような傲慢《ごうまん》な態度が、「裏金議員」全体のイメージをさらに悪化させ、国民の怒り不満を高める結果になったことは間違いない。

谷川氏は、自民党長崎県連事件で逮捕起訴されたA氏の前々任の自民党長崎県連幹事長で、ゼネコンに選挙資金の寄附を要請する「公共工事による利益の収奪」のシステムを確立した人物だった。A氏は、長崎地検に逮捕され、幹事長、県議を辞職、その前任の幹事長で県議会議長だったK氏も県連政治資金パーティー裏金事件で公民権停止となって失職、その後の県議会議長に就任したのが谷川氏だった。その次の衆議院議員選挙では、長崎三区の前議員の政界引退を受けて立候補して当選、その後も当選を重ねた。公共工事の「上前をはねる」システムを確立した谷川氏はそのシステムに斬り込んだ長崎地検の捜査で結果的に利を得ることになったといえる。

一九九〇年代後半、長引く不況の中、民間工事の赤字が拡大する一方、利益率の高い公共工事の受注を求め、ゼネコン各社は、談合の世界に影響力を持つ発注者側の自治体首長や有力政治家へのアプローチを強めていった。長崎県発注の工事については、当時の金子《かねこ》原二《げんじ》郎《ろう》知事と親戚《しんせき》関係にあり、自らも公共工事主体の建設会社を経営する谷川氏の建設業界への影響力は強大だった。

県連幹事長に就任した谷川氏が、ゼネコン各社の九州支店にあいさつ回りをした際、T社の支店の玄関で、連絡不備のために失礼な対応があったことで激怒した谷川氏が、捨てゼリフを残して立ち去ったという出来事があった。その後二年間、T社は長崎県発注の公共工事を全く受注できなかった、という話で、九州のゼネコン各社は震え上がったそうだ。そのような谷川氏の言動の影響もあって、「長崎県連幹事長からの献金要請は絶対に断れない」ということになり、選挙の際に、公共工事の受注額に応じて県連に寄附するというシステムが定着したようだ。

谷川氏が安倍派のパーティー券を売り付けていた相手方の多くは、公共工事の受注業者や下請業者であろう。二〇年前と同様の、公共工事の「上前をはねる」というやり方を続けてきた結果、谷川氏の手元には、少なくとも四〇〇〇万円以上の「裏金」が残り、所得税を一円も払うことなく、一〇〇万円の罰金を支払うことで刑事処分は決着したのである。

第 四 章

検察も自民党も解明できなかった「裏金問題の真相」

「裏金議員」の対応

検察の捜査終結を受け、安倍派（清和政策研究会）の幹部が、次々と記者会見を行い、「会計責任者が起訴された刑事事件に関することについての言及は控える」と言いつつ、説明を行った。

塩谷立《しおのやりゅう》座長は、「（安倍派事務局長側の）誤った説明など長年にわたる事務的なミスリードにより、所属議員事務所に誤った処理をさせた」と説明した。また、前事務総長の西村康稔《にしむらやすとし》氏は、X（旧ツイッター）で、「清和会の収支報告書の作成と提出は、会計責任者である事務局長において行ってきており、収支報告書に記載しないことについても、長く慣行的に行われてきたようでありましたが、私たち幹部も、今回の問題が表面化するまで知りませんでした」「事務局から関係政治団体の収支報告書への記載は不要だとする旨の説明が過去からなされていたと聞いていますが、このため、いわゆる裏金作りなどの意図はなかったであろうに、特に所属の若い議員に大きな傷を与えてしまった」ななど述べて、裏金作りの意図を否定した。

これら安倍派幹部の説明は、「政治資金の寄附」として、安倍派と所属議員の政治団体の政治資金収支報告書に記載すべきであった（記載しておけば何の問題もなかった）のに、（何らかの事情で）記載しなかったという「収支報告書の記載上の事務的な問題」であったというものだった。

その説明のとおりであるとすると、派閥政治資金パーティーをめぐる問題は事務的な過誤のようなもので、安倍派から所属議員に裏金が渡っていたということではなく、収支報告書に記載する通常の政治資金と同様の性格のものだったことになる。

しかし、所属議員側は実際に、政治資金収支報告書に記載しない前提で資金をやり取りし、その事実を収支報告書で公開していなかったのである。このこと自体が政治資金規正法上許されないものであり、単なる不記載ではないことは明らかだ。

国会では、派閥政治資金パーティー裏金問題での追及が続いた。

二〇二二年に、当時安倍派の会長だった安倍晋三元首相によりいったん還流が中止されることになったのに、安倍氏が亡くなった後に還流を実行することになったのは、誰がどのように決めたのかが不明なままだった。

衆議院の政治倫理審査会に三人の元安倍派幹部が出席して弁明を行ったが、二二年八月上旬の幹部の話合いの際に還流の継続が決まったか否かについて、西村康稔氏と塩谷立氏との間で話が食い違うなど、ますます疑惑が深まった。参議院の政倫審では、その話合いに加わっていた世耕弘成《せこうひろしげ》氏が知らぬ存ぜぬの弁明に終始したことに対して、その後に政倫審に出席した西田昌司《にしだしょうじ》氏からも厳しい批判が行われた。安倍派幹部に対する風当りは一層厳しいものになっていった。

本来の事実解明の場とは言い難い国会の政倫審で、疑惑への弁明と質疑による事実解明に期待が集中していること自体が異例であり、まさに混乱を象徴していた。

二四年四月四日、派閥による政治資金の不適切な処理について、自民党党紀委員会(委員長・逢沢一郎《あいさわいちろう》衆議院議員)は、党則及び党規律規約に基づいて、国会議員ら三九人の処分を決定し、処分についての発表が行われた。

自民党の党規律規約では、(一)除名(二)離党勧告(三)党員資格停止(四)選挙での非公認(五)国会・政府の役職辞任勧告(六)党の役職停止(七)戒告(八)党則順守勧告という八段階の処分が予定されている。

「党紀委員会の審査結果について記者会見」では、派閥幹部として不適切な会計処理への関与が疑われた派閥幹部のほか、「不記載議員」について処分を行ったことについて、次のように説明された。

「過去五年において、自身の政治団体に多額、二〇〇〇万円以上の不記載があった議員の政治的、道義的責任も重いとの判断でした。上記以外にも、過去五年において、自身の政治団体に相当な額、一〇〇〇万円以上、もしくは五〇〇万円以上の不記載がある議員について、会計責任者に任せきりで不適正な処理としてしまった者の管理責任も問われるとの審査結果でした」

ここでの「不記載」は、すべて会計責任者が行ったことで、議員本人については、「会計責任者に任せきりで不適正な処理としてしまった者の管理責任」だけが問題にされている。

この党紀委員会の説明では、仮に、議員が裏金を、秘書や会計責任者に委《ゆだ》ねることなく自分の懐に入れていた場合であっても、「会計責任者に任せきりで不適正な処理としてしまった」とは言えないので厳しい処分の理由にはならないことになってしまう。

自民党の対応が国民から厳しい批判を受けたのは、裏金議員の中には、政治資金として収支報告書で公開もしない裏金を得て、その金を個人の懐に入れていた者が相当数いるのではないかと国民の多くが疑っているからだ。しかし、裏金議員の側は、すべて「政治資金として使っていたもので、議員個人が懐に入れていた金はない」と説明し、自民党の側も、その弁解を丸呑《まるの》みして、裏金はすべて政治資金との前提で、党紀委員会の処分が行われた。

そのような前提での党紀委員会の処分は国民に理解されるものではなかった。

「裏金問題」にケジメを付けられなかった自民党

岸田首相が野党の追及をかわす最大の拠り《よ》所としたのが、検察の捜査処分だった。国会で「裏金議員は所得税を納税すべきではないか」と追及される度に、岸田首相は「検察捜査の結果を踏まえて、適切に判断されるべき」との答弁を繰り返した。「政治家個人に対する寄附禁止規定が適用されるべきではないか」との指摘に対しても、「検察当局が厳正な捜査をした結果、そのような罰則適用は行われていない」として、同規定違反を否定する答弁を繰り返した。

しかし、検察捜査が異例の大規模捜査態勢で行われたものの、裏金議員三人が起訴・略式起訴されたほかは会計責任者の起訴・略式起訴だけにとどまり、起訴された議員二人についても、公判が開かれる見通しも立たず、事実関係は全く明らかにならなかった。

政治資金規正法違反で起訴された清和会の代表者兼会計責任者の松本《まつもと》氏の公判でも、前述したとおり、「裏金問題」の真相が全く明らかにならず、裏金議員は納税すら行わないまま、自民党は二〇二四年四月の衆議院三補選で全敗（うち二選挙区では公認候補者を立てられず）、支持率低迷を受けて岸田文雄首相が退陣を表明した後の自民党総裁選で新総裁に選出された石破茂《いしばしげる》氏は、総裁選時に明言した予算委員会開催後に国民の審判を仰ぐとの方針に反して、就任直後の一〇月二七日に衆議院総選挙を行うことを明言した。

裏金問題への対応が全く不十分なまま解散総選挙を行うことに対して、国民の批判が一層高まったことを受け、一〇月六日、石破新総裁は、派閥幹部に加えて、党の処分の対象となった裏金議員についても、説明が不十分で有権者の理解が得られない場合は総選挙で非公認にする方針を明らかにした。

総選挙の公示を目前に控え、石破新体制の自民党執行部が裏金議員に、どのような説明を求め、どのような説明が行われるか、そこで重要だったのは、裏金についての課税の問題だった。

しかし、還流金を政治資金収支報告書に記載しない前提で受領し、そのまま議員個人が保管するなど、明らかに個人所得だと思える事例についても、議員側には新たに説明を行う姿勢はなく、納税に向けての動きもなかった。

情勢調査の結果が、裏金問題批判のために厳しいものであることを知った自民党執行部は、裏金議員合計一二人を衆院選で非公認とすることを発表したが、それが党内から反発を受ける一方で、国民からは裏金議員への厳正な対応としては評価されず、一〇月一五日の公示後の選挙情勢は自民党にとって一層厳しいものとなった。

選挙期間終盤で「非公認議員への二〇〇〇万円提供問題」を日本共産党の機関紙「赤旗」にスクープされ、裏金議員への裏公認料ではないかとの批判によってさらに炎上した。

一〇月二七日に行われた衆議院議員総選挙は、自民党が五六議席を失い、自公でも二一五議席と過半数を大きく割り込む結果に終わった。その大惨敗の原因の大半が、自民党派閥政治資金パーティーをめぐる裏金問題だったことは明らかだ。

一方、野党第一党の立憲民主党は、五〇議席も増やして大躍進したが、野田佳彦《のだよしひこ》代表をはじめとした議員らが、裏金問題を徹底批判したに過ぎず、「年収の壁打破」等の政策を掲げ若年層の支持を集め議席を四倍増させた国民民主党のように、政策が支持されたわけではなく、政策遂行能力が評価されたわけでもなかった。少なくとも、裏金問題の追及によって、野党に対する国民の期待や信頼が高まったわけではない。

政党間のイデオロギー対立が希薄となり、政策面でも、積極財政・財政規律、消費税減税の可否、憲法改正の是非なども、政党内での意見でさえ統一されていない状況にあり、有権者の政策選択と政党選択とは必ずしも直結しない。それだけに、有権者の選択においては、政策面の違いより、政党・政治家への信頼が選挙における選択の大きな要因になっており、そこに決定的な影響を及ぼしたのが裏金問題だったと言える。

「裏金問題」の真相解明のための独自調査

なぜ裏金問題が〝ブラックホール〟になってしまったのか、その経緯と原因を明らかにしなければ、この問題を解決することはできない。

私は、問題の真相が全く明らかにならない状況に対して、いくつかのルートを通じて清和会関係の裏金議員側に接触を図り、ヒアリングを行うなど、私なりに事実解明に向けての取組みを行ってきた。

そのヒアリングの結果と、裏金議員の記者会見での説明等に基づいて、「政治資金パーティーでの裏金提供の背景と経緯」「パーティー券販売ノルマは、誰がどのように設定したのか」「裏金の帰属」等について調査結果を取りまとめ、自民党総裁選で石破茂氏が新総裁に選任され、自民党新執行部が、裏金問題の逆風の中での解散総選挙に打って出ようとしていた時期に、Yahoo!記事【「政治資金パーティー裏金問題の核心」に迫る～始まりは〝マネロン〟だった】で明らかにした。

そこで述べた「裏金問題の真相」を踏まえて、裏金議員にどのように説明を求め、その説明をどう評価すべきか、衆議院選挙での公認非公認の判断や、選挙における投票の参考にしてもらいたいと考え、そのような時期に、私なりの調査結果を明らかにしたものだった。しかし、残念ながら、この調査結果が注目されることはなかった。

同記事で明らかにした内容を、振り返ってみよう。

安倍派政治資金パーティーと「ノルマの設定」

清和会では、政治資金パーティー券の販売についてノルマが設定され、ノルマ分の販売ができなければ議員側が自分で購入しなければならず、ノルマを超えて販売したら、その分が「還付金（ノルマ超分も清和会側に納金した後に還付してもらう方式）」あるいは「留保金（ノルマ超分をそのまま議員側で留保する方式）」として議員側に供与されるというやり方が、二〇年以上昔から継続してきた。

裏金問題のそもそもの原因は、議員側が強く達成を求められるパーティー券販売ノルマの設定にあったと言える（「還付金」「留保金」の供与と異なり、議員側がノルマ未達分を購入した具体的事実は確認されていないが、多くの議員が、ノルマ達成義務を認識し、それを前提として動いていたことは間違いない）。

このノルマの設定というのは、三塚博《みつづかひろし》氏、森喜朗氏が清和会会長だった時代から、会長等の派閥幹部が決定し、パーティー券が配布される時に、派閥の事務担当者から議員側に伝えられていたようだ。

ノルマは、初当選の際は低く、当選回数を重ねるごとに増えていき、閣僚になると一気に増える。それは、「派閥のおかげで閣僚にしてもらったのだから、その分、派閥に貢献すべき」という考え方による。

しかし、実際のノルマの具体的な金額は、必ずしも当選回数や閣僚経験の有無によって一律ではなく、会長等の派閥幹部の裁量（匙《さじ》加減）で決められていたようだ。当該議員に対する期待や評価がノルマの金額に反映されることもあり、派閥内の上下の力関係を反映するものでもあった。議員相互間では、他の議員のノルマの金額はわからず、お互いにノルマについて話をすることもなく、所属議員は、そのようなやり方に従うしかなかった。

二〇二〇年からのコロナ禍に際しては、パーティー券の販売もままならないだろうという配慮からノルマが引き下げられた。それにより、もともと支持者らに一定の枚数のパーティー券の購入を依頼していた議員は、ノルマ超の販売分についての「還付金」「留保金」の金額が従前より多額に上ることになった。

還付金等の派閥での処理とマネーロンダリング

議員側は、初当選の頃から、ノルマ超のパーティー券売上の還付金について、派閥の事務局から、「派閥で処理済だから」「政策活動費だから」「所属議員側で収支報告書に記載しなくてよい」「記載しないように」などと指示され、それにしたがってきたと説明している。

三塚、森両会長時代など、かつては、パーティー券の売上は、還付金等も含めて清和会の収支報告書に計上し、そのうち、還付金分を清和会から党本部に寄附し、それを、政策活動費として党が所属議員に寄附するという方法がとられていたようだ。「議員↓派閥↓党本部↓議員」という流れで、一度、政党に入れて、政策活動費としてバックしてもらうという方法であり、この金の流れであれば、現行政治資金規正法上、政党から政治家個人への寄附は許容されているので、派閥から議員個人に適法にノルマ超の売上を供与できる。

しかし、そのような党本部との間のマネロンスキームはその後、省略されるようになり、結局、ノルマ超過分を派閥から議員に戻すという現在の還流スキームだけが残ることになった。それに伴い、所属議員側だけでなく派閥側も収支報告書への不記載ということになった。

「派閥の方からかつて収支報告書に記載しないでよいと言われた」と説明されていたことは、供与を受けていた所属議員の一人である宮澤博行《みやざわひろゆき》衆議院議員（当時）が防衛副大臣辞任の際の記者会見で明らかにしているほか、政治資金規正法違反で逮捕起訴された池田佳隆氏は、いち早く政治資金収支報告書を訂正した際、政策活動費だから収支報告書に記載不要と説明されていたと述べていた。自民党の調査に対しても収支報告書に記載不要と説明された旨の回答がある。

三塚、森両会長時代において、そのような「党本部を介した寄附の正当化としてのマネロン」が行われていた事実を確認できるわけではない。しかし、いずれにせよ、そのような「政策活動費という説明」がなされていたことが還付金等の性格、その帰属、違法性についての議員側の認識に影響していたものと考えられる。

派閥と党本部との間で資金の移動が行われ、党本部で当該派閥の所属議員に対する政策活動費の支出の手続がとられていたとすれば、「合法的な裏金」として所属議員個人に帰属することになる。この場合、政治家個人に帰属する以上、当該議員の資金管理団体、政党支部等の政治資金収支報告書への記載義務はないが、一方で、原則として所得税の納付義務が生じることになる。

この党本部との資金移動のマネロンが行われていたとしても、ある頃から省略され、単に「政策活動費」「派閥で処理済」との説明だけが行われるようになった。その説明を、額面どおりに信じていた議員がいたとすれば、政治資金規正法違反の認識も、違反を基礎づける事実認識もなかったことになる。

しかし、もし、党からの政策活動費であれば、党本部側から所属議員宛に、支出した旨の連絡があるはずである。そもそも、派閥の政治資金パーティーの売上の一部還流という認識がある以上、「政策活動費の説明」を額面どおりに受け止め「合法的な資金」と認識した議員は少なかったはずだ。

つまり、議員側では、「政策活動費」「派閥で処理済」との派閥側からの説明があっても、違法ではないと認識していたことは考えにくい。しかし一方で、そのような説明を前提に突き詰めて考えれば、資金の性格は、政党からの政策活動費と同様に議員個人に向けられたものであることは明らかであり、本来は所得税の課税対象と認識すべきだった。

ノルマ超のパーティー券販売の議員側の目的

ノルマに対してどのような姿勢で臨むかには、議員によって差があったようだ。最大限に努力してパーティー券を販売しても、課せられたノルマを達成するのがやっとという程度の議員にとって、ノルマ超の販売で裏金を得ようという意図はもともとない。しかし、議員の中には、ノルマ超のパーティー券の販売によって裏金を得ることを意図して、積極的に販売活動を行っていた者もいたようだ。このような議員の場合、還付金等が裏金として供与され、それを議員側で自由に使えることのメリットを享受しようとする意図があったことになる。

つまり、ノルマ超のパーティー券の販売によって裏金を獲得しようとする意図の有無・程度は、必ずしも実際に得ていた裏金の金額の大きさと一致するわけではない。二〇二〇年以降のコロナ禍でノルマの減額の措置がとられ、それまでノルマを達成できる程度のパーティー券の販売を行っていた議員に、ノルマ減額分が還付金、留保金として供与されることになった際、特に、閣僚経験者などノルマが高額に設定されていた議員の場合は、ノルマの引下げ額も大きく、還付金等の金額が高額になったと考えられる。

このようにして、意図することなく多額の還付金等を得ることになった議員は、その多くを、将来、ノルマが引き上げられた場合にノルマ未達で自らパーティー券を購入せざるを得ない場合に備え、裏金として保管しておこうとすることになる。実際に、将来のノルマ未達の場合のパーティー券購入費用として還付金等を保管していたと説明する議員も多かった。

ノルマ超のパーティー券の販売によって裏金を得ようとする積極的な意図の程度は議員側の悪質性を評価する要素と言えるが、それは、結果的に得ていた還付金等の金額の多寡だけで判断できるわけではない。むしろ、ノルマ引下げ以前の裏金金額の大きさが積極的な意図の有無・程度を表しているとみることができる。

裏金の帰属と政治資金規正法違反の成否

ノルマ超のパーティー券の販売で、派閥から議員側に供与される還付金等について、当初は、一度党本部を経由するマネロンによって合法化するやり方から始まったと考えられ、その後も政策活動費、派閥で処理済との説明が行われていた。

還付金等を受け取っていた議員側は、それを、資金管理団体、政党支部など、特定の団体宛の金と認識していたわけではなく、あくまで、「派閥から提供される活動費」と認識していたに過ぎない。

そして、還付金等を留保していた目的について、「将来、パーティー券の販売ノルマが達成できなかった時に、自分でパーティー券を購入して補填《ほてん》しなければならなくなることに備えるため」と説明した議員もいる。仮に、販売ノルマ未達分のパーティー券を、議員側が購入して補填することになった場合、資金管理団体、政党支部の資金でパーティー券を購入すると、収支報告書で公表することになる。派閥の所属議員によるパーティー券購入の事実が公表される事態は、派閥側も議員側も避けたいと考えるものと思われる（ヒアリングに応じた議員秘書も、「ノルマ未達分のパーティー券購入費を資金管理団体、政党支部で支出することは困難」と述べている）。結局、ノルマ未達分が生じた場合は、議員個人の資金でパーティー券を購入せざるを得なかったはずだ。

このように考えると、議員側が「派閥から供与された還付金等を、将来のノルマ未達分の補填に備えて保管していた」というのも、還付金等が政治家個人に帰属していたことを示す事実と言える。

ところが、清和会では、ノルマ超のパーティー券売上についての還付金等は、資金管理団体、政党支部宛の寄附であるとして政治資金収支報告書を訂正し、議員側でも政治団体に帰属するものとして収支報告書の訂正が行われた。

これは、所属議員側が、検察の取調べにおいて「仮に、収支報告書に記載するとすれば、どの収支報告書に記載していたか」と質問されて、資金管理団体、政党支部のいずれかを答えたことを根拠に、帰属先が特定され、検察の示唆によって収支報告書の訂正が行われたもので、還付金等の実態に即したものとは言えない。

清和会の場合、裏金問題発覚まで、「餅《もち》代」「氷代」として、所属議員に政治資金を提供していたようであり、それは、あらかじめ振込用口座として清和会に届け出た銀行口座に振り込まれていた。もし、清和会側が、還付金等を、収支報告書に記載する前提で議員側に振込送金したとすれば、清和会に口座を届け出ている政治団体ということになるはずである。多くの場合、この届出口座の名義の団体と、政治資金収支報告書を訂正した団体とが一致しないのも、還付金等が、訂正した政治団体宛の寄附ではないことを示していると言える。

結局、議員側に、政治団体宛の寄附との具体的な認識があったわけではないのに、検察の指導によって、資金管理団体、政党支部の収支報告書の訂正が行われ、それによって、議員側に供与された還付金等が、そのまま政治団体に帰属したことにされた。その結果、「私的流用」の具体的事実がない限り、所得税の課税の対象にはならなくなった。本来議員個人に帰属する収入であるのに所得税の課税を免れることになった。それが国民の強い不公平感につながり、裏金議員に対する厳しい批判が生じたのも当然だと言える。

以上のような、今回の裏金議員ヒアリングの結果より明らかになった事実関係からすると、派閥からの還付金、留保金が、議員個人に帰属していたことは明らかである。検察が、すべての裏金議員に対して、資金管理団体、政党支部宛の寄附だったとして政治資金収支報告書を訂正するように指導し、その帰属先の政治資金収支報告書の不記載・虚偽記入罪が成立することを前提に捜査処理したのは誤りだった。

裏金についての納税と没収

パーティー券の売上の還付金、留保金は資金管理団体や政党支部宛の寄附だとして収支報告書の訂正が行われたため、政治家個人に帰属しない政治資金だということになり、原則として、議員個人の課税の対象外となり、私的用途に費消した事実がない限り課税されないことになった。

しかし、すでに述べたように、実態としては議員個人に帰属する寄附だったのであるから、所属議員個人の所得として、原則として、所得税の課税の対象とされるべきだ。政治家個人の政治活動の費用として使われた事実が領収書等で明らかになる金額をのぞいて、雑所得として所得税の申告をすべきだ。

大きな差が生じるのは、議員に供与された還付金、留保金のうち、使用されずに残っていた残余金の取扱いである。検察の捜査処理を受けての収支報告書の訂正を前提にすれば、残余金は、資金管理団体や政党支部に帰属し、通常の政治資金として使用できることになる。しかし議員個人宛だったことを前提とすれば、残余金はすべて個人所得として申告し納税すべきということになる。それに加え「政治家個人宛寄附」を受けた政治資金規正法違反の罪で処罰されれば、全額没収となり、裏金は国庫に帰属することとなる。

ところが、自民党の処分も、検察の処分に沿う形で行われ、その後の議員側の対応も、すべてそれを前提に行われたため、議員側は、還付金等について所得税課税を免れ、その資金を、議員側の政治資金としてそのまま使えるという、国民にはとうてい納得できない結末となった。

自民党の党紀委員会の審査に基づく処分では、派閥幹部以外の議員については、過去五年において、自身の政治団体に相当な額、一〇〇〇万円以上、もしくは五〇〇〇万円以上の不記載がある議員について、「会計責任者に任せきりで不適正な処理としてしまった者」の管理責任が問われ処分の対象とされた。このように「会計責任者に任せきり」というのが、処分の要件になっているのは、検察の捜査処分と同様に、派閥政治資金パーティーをめぐる問題は、派閥から資金管理団体・政党支部等への寄附の「単なる不記載」に過ぎないという認識を前提にしているからだ。単なる不記載であれば、そのような処理を行った会計責任者に任せきりにしていた議員の方が責任が重い、ということになる。

しかし、これまで述べてきたように、その前提が誤っている。議員個人に帰属する寄附であることを前提にすると、むしろ、逆の評価となる。裏金の管理に議員本人がかかわらず、議員事務所あるいは議員個人が引き出すことができない口座等で管理し、それを完全に秘書等に任せていた場合は、私的流用の可能性が低いので、悪質性の程度も低い。逆に、議員本人がその資金の使い途《みち》に直接関われるようになっていた場合の方が、私的な用途に使われた可能性があるので、悪質だということになる。

ノルマ超のパーティー券の販売を行う積極的な意図が認められ、なおかつ、裏金の管理に議員本人が関わっていた場合が最も悪質だということになり、党としての処分も重くすべき事例だったと考えられる。

調査の結果明らかになったこと

派閥から所属議員に対するノルマ超の売上の還流金は、かつて、派閥から一度自民党本部へ上納し、党本部から合法的に「収支報告書への記載も領収書も不要な政策活動費」として所属議員側に供与する「マネーロンダリング」が行われていたが、そのプロセスが省略されるようになった経緯があったことを前提にすると、議員個人に関わる不透明な金の流れが恒常化していたことが問題の本質ととらえられる。

それは、問題の解決、制度の是正を考えていく上でも極めて重要である。そのような還付金等の所属議員への供与が不透明な裏金として行い得たのは、もとはといえば「政策活動費」という形で政治資金の収支報告書による公開の例外が設けられていたためだ。

政策活動費は、「政党から政治家個人」に対する寄附ないし支出であり、政治家個人への寄附の禁止の例外として政治家個人が寄附を受けることを認めるものだった。それが、巨額の裏金処理の源流になっていたということなのである。裏金問題を受けての政治資金規正法改正で政策活動費が廃止され、政党から政治家個人への寄附も禁止されることになったのは自然な流れだったといえる。そうであれば、議員個人に帰属した裏金について所得税の課税の問題も避けては通れないはずだ。その問題を放置したままでは、裏金問題の決着はありえない。

第 五 章

方向を誤った検察捜査

政治資金規正法適用についての検察捜査の誤り

「自民党派閥政治資金パーティー裏金事件」の検察捜査は、方向性を誤ったものであり、それが、国会議員はほとんど処罰できず、所得税の納税も全く行われないという結果となり、国民の強い不満と批判につながった。

検察は、なぜ捜査の方向性を誤ったのであろうか。

前述したとおり、事件の発端は、二〇二三年の日本共産党の「しんぶん赤旗」日曜版の記事と神戸学院大学教授・上脇博之氏の東京地検への、二〇万円超のパーティー券の購入者の不記載という形式的な事案の告発だった。

一般的には告発事件というのは、特捜部などの検察捜査において積極的に取り組む案件とはされないことが多い。しかも、発端は日本共産党の機関紙の報道である。特捜部としては、告発を受理した以上、所要の捜査として派閥事務担当者の取調べを行わざるを得ないという程度の認識から始まったと思われる。

ところが、その告発事件の捜査の過程で、派閥政治資金パーティーをめぐって、ノルマを超えた売上が収支報告書に記載不要の金として派閥から所属議員側に還流しており、それがかなりの金額に上ることが明らかになった。

政治資金パーティーの問題で派閥事務担当者が聴取されていることに不安を覚えていた自民党関係者の反応もあって、自民党派閥政治資金パーティーをめぐる裏金事件として、マスコミで大きく報道されるようになった。検察としても、裏金の実態の全体的解明に乗り出さざるを得なくなった。それが、派閥政治資金パーティーをめぐって、ノルマを超えた売上が収支報告書に記載不要の金として派閥側から所属議員側に還流した金額が、清和会（安倍派）では五年間で総額五億円以上に上っていたという、大規模な裏金問題に発展することになった。

多数の派閥所属議員の取調べのため、全国の地検から多数の応援検事を動員して大規模捜査を行うことになったが、特捜部側には、もともと「やらされ感」があり、積極的に捜査に取り組もうとした事件ではなかった。要領よく捜査処理を行って、二四年一月の通常国会開会前に処理を終えようとした。従来の政治資金規正法違反事件のパターンにあてはめ、還流金についての政治資金収支報告書の不記載を政治資金規正法違反ととらえて、捜査処理を行おうとしたのも、もともとの告発事件への特捜部側の姿勢からすると自然な流れだったといえる。

多くの国会議員に関する、政治的な影響も極めて大きい問題だった。そうであるからこそ、事案の実態に即し、違法な寄附の処理や税務問題なども含めて、世の中の納得が得られる処分をすることが必要だった。

ところが、実際には、検察の政治資金規正法適用についての本質的な理解を欠いた捜査により、刑事処罰、納税について国民の認識との間に著しい乖離《かいり》を生じさせただけでなく、「派閥政治資金パーティー裏金問題」についての全体的な事実解明も、ほとんど行われなかった。それが「正体不明のブラックホール」となって、衆院選で自民党を直撃し、自公両党は過半数を大きく割り込み、日本の政治は大混乱に陥ることになった。

政治資金の収支の公開が義務づけられているのに、派閥から「収支報告書に記載不要の金」の供与を受けていた国会議員の処罰がほとんど行われなかったことに対する不満以上に、国民の強烈な反発の原因になったのが、課税に対する不公平感だった。

国会議員が、政治資金パーティーの売上の中から自由に使っていい裏金を受け取り、それについて税金の支払も免れていることに対して、国民は激しく怒った。国民は、事業者も、サラリーマンも、汗水流して働いたお金を報酬・給与として得る。それについては、法人の事業を行って得たお金であれば法人税等を、個人の収入として得たお金であれば所得税等を支払わなければいけない。その上で残ったお金を自由に使うことができる。

この事件が注目を集め、検察の捜査、刑事処分が決着したのは、個人事業主などが、払いたくもない税金を納めるために、確定申告に向けて気の滅入《めい》るような作業を強いられている時期だった。しかも、前年一〇月にはインボイス制度が導入され、会計処理の透明化の動きが中小企業や個人事業主にも及び、多くの国民が負担を強いられた。

それなのに、政治家の世界では、自由に使えて税金もかからない裏金という、領収書不要の金のやり取りが行われており、大規模な政治資金パーティーで巨額の収入を得て、その一部を裏金で所属議員に分配し、彼らは税金も支払わず自由に使っている。そのことに対して国民は怒りを爆発させた。

それに加えて、この問題の事実解明がほとんど行われていないことも、自民党側への厳しい批判の理由とされた。

裏金問題に対する国民の不満の原因の大半は検察の責任

裏金問題に対する国民の不満が爆発したのは、

（一）所属議員側は政治資金収支報告書不記載という違法行為を行っているのに、ほとんどの議員が処罰をされていない

（二）領収書不要の裏金を受け取っていたのに、使途が具体的に明らかにされず、所得税の納税をしていない

（三）派閥から所属議員に裏金として供与されていた経緯・理由等の事実解明が全く行われていない

の三つが要因だった。

このうち、（一）の「裏金議員の処罰」の現状は、すべて検察当局が捜査を行い、その結果、刑事処分を行ったものであり、検察の判断の結果である。

（二）の所得税の納税についても、還付金、留保金を「政治資金収支報告書に記載しない」前提で受領し、そのまま議員個人が保管していた事例もあったことが自民党のアンケート調査で明らかになっており、常識的に考えれば個人所得である。税務の専門家は「個人的な費消の有無に関わりなく、政治資金収支報告書に記載しない金として派閥から供与された金は、全額納税が当然」との意見であるが、議員側には納税に向けての動きはなく、国税当局の税務調査も行われていない。

それは、検察当局が、派閥から所属議員に供与された金は政治団体（政党支部）に帰

属する政治資金であり、政治資金収支報告書に記載すべきであったとして、収支報告書の訂正を行わせることで事件を決着させたからだ。それによって、原則として議員個人には帰属しなかったことになり、それを個人的な用途に使った事実が具体的に明らかにならない限り（議員個人が保管していた場合でも）、所得税の課税の対象にならない。しかも、原則として所得税の納税義務も申告義務もない、ということであれば、「政治活動に使った」とだけ説明すれば済み、使途を明らかにする必要もないということになる。実際に、ほとんどの裏金議員の説明は、その程度のもので済まされてしまった。

個々の裏金議員の裏金の使途等についても説明責任は果たされなかった。還付金等の保管状況・使途等の報告を求めるなどして個々の裏金議員について責任の程度を評価し、処分のレベルや衆院選での公認非公認を判断することは、自民党として行い得ることだった。しかし、検察当局が、「派閥からの還付金等が政治団体に帰属するもので、その収支報告書に記載すべきであった」として、収支報告書の訂正を行わせることで事件を決着させたことを受け、それを前提とする対応を行っただけだった。

（三）の派閥レベルでの裏金問題の経緯・理由という問題の根本に関わる事実解明は、検察捜査によらなければ困難だった。ところが、派閥の事務担当者の公判でも、検察が明らかにしたのは「かねて、ノルマを超えてパーティー券を販売した場合の還付金、留保金に相当する金額を除いた金額を清和会の政治資金収支報告書に記載していた」という事実だけで、裏金問題の経緯、意思決定のプロセス等の具体的な事実関係は何一つ明らかにされず、事務担当者から所属議員側に「収支報告書に記載不要」と説明していた経緯も不明のままだった。

要するに、国民の不満と批判の原因となった、(一)の刑事処罰、(二)の納税の問題は、いずれも検察の捜査と刑事処分の判断の結果であり、しかも、(三)の事実解明も、検察にしか行い得ないことが大半であった。しかし、国民の認識や期待と事件の結末との間に著しい乖離が生じたことに対する不満や批判の大半は、裏金議員や自民党に集中し、それが総選挙での惨敗につながった。一方の検察に対しては、SNS上などで「検察の捜査処分が自民党議員に手ぬるい、政権に忖度《そんたく》した」などの批判の声もあったが、大きな流れにはならなかった。

このような検察捜査は、政治資金規正法の罰則を正しく適用する法執行機関としての役割を果たしたと評価できるものではない。

「丸川珠代氏刑事告発」への検察の対応

二〇二四年三月二八日、上脇氏と私が告発人となり、参議院議員丸川珠代《まるかわたまよ》氏及び清和政策研究会代表者・会計責任者による政治資金規正法違反（公職の候補者の政治活動に関する寄附の禁止。公職の候補者とは政治家個人のことである）等についての告発状を、東京地方検察庁に提出した。

清和会（安倍派）の政治資金パーティー裏金問題については、すでに、派閥の側で、「所属議員の資金管理団体・政党支部宛の寄附であったのに、その政治資金収支報告書に寄附が記載されていなかった」として訂正を行っていた。

丸川氏も、「中抜き」すなわち留保金の方法でパーティー券売上のノルマ超過分を得た裏金議員の一人だが、他の議員とは異なり、その裏金が政治家個人宛の寄附であったことについての根拠があった。

一つは、「派閥からノルマ超過分は持ってこなくていいと言われた。資金は（自分の）口座で管理していた」と記者に説明していたことだ（【丸川珠代元五輪相、不記載八二二万円「超過分は口座で管理」】毎日新聞二〇二四年二月一日）。この説明は、資金が個人に帰属するものと認識していたことを認めているに等しい。

そして、もう一つは、丸川氏に供与した資金について、清和会側が、二四年一月三一日に、丸川氏が代表である都参議院選挙区第四政党支部への寄附であった旨の訂正記載を行っているのに、一方の丸川議員の側は、上記寄附を受けた旨の同支部の政治資金収支報告書の訂正を行っていなかったことだ。

清和政策研究会の二〇二〇～二二年分の各収支報告書は、二四年一月三一日付けで他の議員の分と共に訂正され、そこでは丸川氏が支部長である都参議院選挙区第四政党支部にそれぞれ寄附していた（二〇二〇年：一〇〇万円、二〇二一年：一九五万円、二〇二二年：二一七万円）とされている。

ところが、都参議院選挙区第四政党支部の側では、二〇二〇～二二年分の各収支報告書で、清和政策研究会からの寄附を受領したとの訂正を行っていなかった。

それは、その資金供与が、都参議院選挙区第四政党支部に対して行われたものではなく、丸川氏個人宛の寄附であり、同支部宛の寄附として記載することは虚偽記入に当たることを、丸川氏自身が認識しているからとしか考えられなかった。

それらを根拠に、私たちが三月二八日に告発状を東京地検に提出したところ、四月三日付け「特別捜査部　直告班」名義の書面とともに返戻された。

返戻の理由には、「販売ノルマ超過分の還付金等は、同会から所属議員の政治団体に対する寄附であったと認められるところ、前記書面（告発状）では、被疑者に限って個人に対する寄附であったとする具体的な根拠が具体的な証拠に基づいて記載されておらず」とされていた。つまり、検察官は、「ノルマ超過分の還付金等」は、清和会から各所属議員の政治団体宛の寄附と認定しており、被疑者個人に対する寄附であることの根拠が告発を行うに十分なものと言えない、という趣旨だと考えられた。

そこで、派閥側からの「収支報告書に記載しないでよい」との指示が、「収入について収支報告書への記載が義務づけられている資金管理団体、政党支部、国会議員関係団体等に対する寄附ではない」との趣旨を含むと考えられること、また、「政策活動費なので（収支報告書に記載しないでよい）」と説明されたと述べていることなどから、全体として、「販売ノルマ超過分の還付金等」は、政治団体、政党支部宛ではなく、「政治家個人宛の寄附」である可能性が高いと考えられること、それに加え、丸川氏については、清和会から供与された金銭を自己の口座で管理していたと述べていることなど、「政治家個人宛の寄附」であることを認める相応の根拠がある旨の書面を添えて、告発状を再度東京地検に提出した。

検察官からは、告発状が返戻されることはなかった。その後、担当検察官に、本件告発状の受理について尋ねたところ、「東京地検においては、政治家などに対する告発についても受理の手続を行わないまま、捜査を行った後に、受理の上刑事処分を行うこととしており、丸川珠代氏らに対する告発についても、受理は未了だが捜査中」との説明があった。

告発事実について、犯罪を疑う理由も根拠も全くない、ということであれば、そもそも捜査を行う必要もないはずだった。担当検察官が捜査中と説明していたことなどから、当時、本件告発に関して必要な捜査は行われていると考えられた。

堀井学氏の略式起訴と丸川氏の不起訴処分・検審申立

東京地検特捜部は八月二九日、安倍派から還流されたパーティー収入について、直前に衆議院議員を辞職した堀井学《ほりいまなぶ》氏を政治資金規正法違反の罪で略式起訴した。

堀井氏は、資金管理団体の「ともに歩き学ぶ会」の二〇一九〜二一年分の政治資金収支報告書に、安倍派から還流されたパーティー収入約一七〇〇万円を寄附として記載しなかったことが、同団体の政治資金収支報告書の虚偽記入とされ、一方で、二一年一〇月〜二三年一〇月、秘書らを通じて選挙区内の五二人に香典計三八万円や枕花（約二三万円相当）を送った公職選挙法違反（選挙区内の寄附）の罪でも同時に略式起訴され、併せて罰金一〇〇万円、公民権停止三年の略式命令が出された。

裏金に関する政治資金規正法違反で、「不記載額」が一七〇〇万円を上回る議員は多数いるのに、堀井氏だけ、特に刑事立件され起訴される理由があるとすれば、同時に略式請求された事件、有権者に対する香典・枕花の寄附の公選法違反との関係であろう。

堀井氏は派閥から受領した裏金を原資として香典等を有権者に渡していたことによって、悪質性について評価が変わったということであれば、一七〇〇万円の虚偽記入の処罰について、一応理屈は通る。

堀井氏に対する検察の起訴事実は、「衆議院議員の公職にあった者」つまり「公職の候補者」として、選挙区内の有権者に香典・枕花を送ったことについて、公選法一九九条の二第一項（公職の候補者等は、当該選挙区内にある者に対して寄附をしてはならない）で起訴されたものだった。「資金管理団体が堀井学を名義人として寄附をした」というのではなく、堀井氏個人の資金による寄附だったことを前提としている。ということは、裏金は政治家個人に帰属し、それを原資に香典等が寄附されたということになる。

堀井氏についても、丸川氏の場合と同様に、派閥からの裏金を、「政治家個人宛の政治資金の寄附」として受け取ったからこそ、有権者への香典・枕花の寄附という、収支報告書に記載して表に出すことができないお金として使っていた、ということであろう。

派閥からの裏金が政治団体宛だったのであれば、団体の裏金を堀井氏が横領して香典等に充てたことになるが、それは考えにくい。

ところが、堀井氏は、安倍派から還流されたパーティー券収入約一七〇〇万円について、政治団体の政治資金収支報告書に寄附として記載しなかったことが、同団体の収支報告書の虚偽記入に当たるとして起訴された。

堀井氏の件については、「裏金」が、議員個人名義での香典・枕花の寄附に使われたとすれば、政治家個人宛の政治資金の寄附であったことを示す重要な事実のはずだ。その実態に即して「政治家個人宛の政治資金の寄附」として処罰をすべきだった。裏金議員すべてについて、政治家個人宛ではなく政治団体宛の寄附として処理し、収支報告書の訂正まで行わせてきたことと平仄《ひょうそく》を合わせるためか、香典等の寄附と併せて資金管理団体の収支報告書の虚偽記入で略式起訴するという、不可解な刑事処分となった。

そして検察は、堀井氏を政治団体の収支報告書虚偽記入で略式請求したのと同じ日に、告発状を五カ月間も受理しないまま預かっていた丸川氏についての「政治家個人宛の政治資金の寄附」等の告発を、「嫌疑なし」で不起訴処分とした。堀井氏と同様に、丸川氏に対する裏金も政治団体（丸川氏の場合は政党支部）宛であった、ということを言いたかったのであろうが、すでに述べたように、丸川氏について、「政治家個人宛の政治資金の寄附」であることは明白である。

八月二九日、「自由民主党所属の国会議員らに係る告発事件の処理」についての東京地検特捜部の記者説明が行われた。マスコミから得た情報によれば、丸川氏について、「政治家個人への寄附」については「嫌疑なし」で不起訴としたことが明らかにされ、その理由については「犯罪が両立しない」と説明されたようである。

検察官は、「政治家個人宛の政治資金の寄附」を前提とする告発事実は、「政党支部宛の寄附」との検察官の認定と両立しないとして、「嫌疑なし」と判断したということと考えられる（担当検察官にも、「嫌疑なし」の不起訴理由について上記推測を述べて確認したところ、「概《おおむ》ねそのとおり」とのことであった）。

しかし、丸川氏自身が、マスコミの取材に対して、ノルマ超過分を留保金として受領し、自己の口座で管理していたと認めたと毎日新聞の記事でも報じられていることなど、「政治家個人宛の寄附」だとする告発の根拠は十分にあった。

最初の告発状提出と記者会見の直後、都参議院選挙区第四政党支部の二〇年から二二年までの収支報告書について、前記の清和会の収支報告書訂正と符合する内容の訂正が三月二九日付けで行われていることが判明した。その訂正の日は告発状を提出したことを記者会見で公表した日であった。

丸川氏側の訂正の内容は、各年の収支報告書の収入欄に「販売ノルマ超過分」の供与を受けた金額を記載し同じ金額を翌年度への繰越額として記載しただけであり、訂正のための検討や作業に時間を要することは考えられない。多くの所属議員が、清和会の収支報告書訂正を受けて、資金管理団体又は政党支部の収支報告書の訂正を行っているのに、二カ月もの間、訂正を行っていなかった丸川氏側が、告発状提出が報じられたその日に訂正を行ったのは、単なる偶然とは考えられない。

告発状で同支部の収支報告書の訂正が行われていないことが、清和会からの供与が丸川珠代氏個人宛であった根拠の一つとされていることを知った丸川氏側が、それを否定し、政党支部宛の寄附と説明するために、清和会の収支報告書訂正と符合するよう急遽《きゅうきょ》訂正を行ったものと考えられた。清和会から「政治家個人宛の寄附」を受けていたことによる処罰を免れるために、政党支部の収支報告書に、清和会から寄附を受けていたとする虚偽記入を行うことで、政治家個人宛の違法寄附の事実を隠蔽《いんぺい》しようとした疑いが濃厚だった。

そこで、この訂正が、政党支部の政治資金収支報告書の虚偽記入罪に当たるとして、丸川氏と会計責任者を追加告発したが、検察官は、この追加告発事実も含めて、「嫌疑なし」で八月二九日に不起訴にした。私と上脇氏は、一〇月一一日に、検察審査会に審査申立を行い、東京第二検察審査会で受理された。

審査申立書では、告発状提出後に行われた、清和会の代表者・会計責任者の松本氏の公判における検察官の冒頭陳述、論告の内容にも言及し、それらによって、清和会から丸川氏に渡ったのが、政党支部宛の寄附ではなかったことが一層明白になったことも述べた。

このように政治資金規正法違反の疑いで検察審査会での審査が行われている状況なのに、丸川氏は、一〇月一五日に公示された衆議院議員総選挙の東京七区に「鞍替《くらが》え出馬」した。

前回参議院議員選挙東京選挙区でトップ当選した丸川氏は、その際大量得票した東京七区から立候補したが、裏金議員への批判の猛烈な逆風を受け、立憲民主党の元議員の候補者に大差を付けられて落選した。

裏金問題が都議会自民党に飛び火

中央政界が、裏金問題に揺れ、自民党の政権基盤が大きく崩れていく間に、その裏金問題は、東京都議会の自民党会派で政治団体の「都議会自民党」の政治資金パーティーをめぐる問題に飛び火していた。

「都議会自民党」が、一九年と二二年に開催した政治資金パーティーについて、自民党派閥の政治資金パーティー裏金問題と同様に、二〇万円超のパーティー券購入者が政治資金収支報告書に記載されていなかったことがわかり、二四年に上脇氏が、政治資金規正法違反で東京地検に告発した。その後、東京地検特捜部の捜査が行われていたが、二五年一月一七日、それらのパーティーの収入など計約三五〇〇万円を政治資金収支報告書に記載しなかったとして、経理担当職員が政治資金規正法違反（虚偽記入）の罪で略式起訴された。

同団体の政治資金パーティーでは、都議一人あたり五〇枚、金額にして一〇〇万円分の販売ノルマがあり、それを超えて一〇〇枚目までは全額を、一〇一枚以上については半額を納めずに手元に残す「中抜き」が行われ、「都議会自民党」と都議側の収支報告書に収入として記載されていなかったということだ。

また一九年の政治資金パーティーでは、パーティー券を配る際、ノルマを超えた分のパーティー券の扱いについては、都議などが集まる総会の場で「ノルマを超えた分はお好きにどうぞ」などと説明されていたということだ（【都議会自民党 会計担当者を略式起訴 政治資金パーティー実態は】ＮＨＫ記事、二〇二五年一月一七日）。

会派「都議会自民党」幹事長の小松大祐《こまつだいすけ》都議は、記者会見を開き、政治資金パーティーの問題について、「長年にわたって続き、会派全体の責任と重く受け止めている」として、政治団体「都議会自民党」の収支報告書を訂正したことと同政治団体を解散する考えを表明した。この際、近く収支報告書を訂正する考えも示したが、この「収支報告書の訂正」というのは議員個人についての訂正という趣旨であろう。

問題は、都議会議員が手にしていた裏金の納税の問題を、どう処理するかだ。

国会議員の場合は、公設秘書、私設秘書等が複数いて事務所で政治資金の会計処理が行われているので、派閥から還付金、留保金として供与された金銭を、政治資金として管理していたとして（実際に、そうであったかどうかは別として）、その金銭は政治資金であったと説明することが一応可能だった。実際に、すべての裏金議員が、検察の示唆を受けて、派閥側収支報告書の訂正に合わせて、政治団体の収支報告書の不記載だったとして訂正し、所得税の課税を免れる結果になった。

しかし、都議会議員の場合、秘書の数も議員によって異なり、事務所による政治資金の収支管理がどの程度行われていたのかも不明だ。安倍派の政治資金パーティーのように、いったん派閥に納入した上で国会議員側に還流していたのではなく、すべて都議側が留保していた「中抜き」で、その金額も、ノルマ超の売上のすべてが都議側に入るわけではない。政治団体としての都議会自民党から都議への政治資金の寄附というより、パーティー券販売に応じた報酬の性格が強かったと考えられる。

都議個人が、政治資金パーティー券の売上の一部を個人の金と混同させていた場合、それは政治資金ではなく個人所得であり、所得税の納税をするのが当然だ。

二〇二五年三月二日付け「しんぶん赤旗」日曜版が、【都議会自民 訂正も虚偽 柴崎都議 取材後コッソリ削除】と題して、都議会自民党の裏金事件を受け、政治資金収支報告書を訂正した柴崎幹男都議の訂正が虚偽である疑いを報じた。これを受け、上脇氏は、三月三日に、柴崎氏のほか、都議会自民党の幹事長らを、政治資金規正法違反で東京地検に告発した。

都議会自民党の発表によると、柴崎氏は、一九年に一三一万円、二二年に一一〇万円の計二四一万円を、都議会自民党の政治資金パーティーでの売上の一部を手元に留保する「中抜き」の方法によって取得し、それについて、政治資金収支報告書には全く記載していなかった。

柴崎氏が代表の「自民党東京都練馬区第一一支部」（以下、「練馬区一一支部」）について、一月二三日付けで収支報告書（二二年分）を訂正し、都議会自民党から練馬区一一支部に一一〇万円の寄附があったと収入に追記し、支出についてはその全額を、領収書の提出が不要な「経常経費」として使い切ったと訂正していた。

経常経費の内訳は、人件費が七一万四〇〇〇円、備品・消耗品費が八万七二六四円、事務所費が二九万八七三六円。これらを足し合わせると、二二年の裏金額一一〇万円と完全に一致する。

そのような支出の記載について、しんぶん赤旗編集部から質問書の送付を受けた柴崎氏は、二月一二日付けで、収支報告書（二一～二三年分）を再び訂正。二二年分の再訂正では、計一一〇万円を支出したとする一月二三日の訂正を削除し、二三年分の収支報告書で、裏金の全額二四一万円を翌二四年に繰り越す処理をしていた。裏金分を「経常経費」として使い切ったと「訂正」したはずが、その訂正自体を「削除」し、実際は一円も使わずに保管していたと再訂正したのである。しかし、政党支部宛の寄附がたまま不記載だったという説明は全くとおらない。

柴崎氏は、「中抜き」で得ていた裏金を、すべて個人の懐に入れていたのに、都議会自民党の政治資金パーティーの裏金問題が露見したことから、練馬区一一支部への寄附として受け取って、経常経費として支出したように虚偽の訂正をし、それについての質問書を受けて合理的な説明ができないことから、再訂正して全額翌年度に繰り越していたように説明した。あまりに不自然不合理な柴崎氏の訂正の経過は、柴崎氏が得ていた裏金が政治家個人宛であったのに、それを隠そうとして、虚偽の訂正を繰り返したとしか考えられない。上脇氏の告発は、政党支部宛の寄附として訂正したのが虚偽であり、収支報告書虚偽記入罪が成立するほか、政治家個人宛の違法寄附にも該当するとするものだが、柴崎氏の場合、「政治家個人宛寄附」ですらなく、単なるパーティー券販売の謝礼であった可能性もある。この場合も、所得税の課税免れの目的による収支報告書虚偽記入という悪質な違反が問題となる。

上脇氏は、「都議会自民党」が寄附した相手方は〝柴崎幹男個人〟であり、一三一万円（二〇一九年）及び一一〇万円（二〇二二年）はそれぞれ全額またはその一部を、同人の所得として確定申告する必要があるのではないかとして、刑事告発と併せて、管轄の練馬西税務署にも情報提供を行っている。

このような明らかに虚偽の柴崎氏の収支報告書の訂正と符合する政治団体都議会自民党の収支報告書の訂正が行われているのであるから、他の都議も同様の方法で訂正を行った可能性が高い。裏金が個人の懐に入っていたのに、それを政党支部宛の寄附であったように収支報告書の虚偽の訂正をして、所得税の修正申告も行わないで済まそうとしているとすれば、そのような「都議による悪質な所得税逃れ」は、東京都民にとって、とうてい許されるものではない。今年六月の都議会議員選挙において、自民党は、昨年の衆議院議員選挙以上の大逆風を受けるだろう。

破綻した検察捜査

今年に入って、「『裏金事件』での検察捜査の破綻《はたん》」の表面化は避けられない状況となっている。

政治資金パーティーのノルマ超の売上の還流金を政治団体に帰属するとして収支報告書を訂正させ、それを前提に刑事処分を行うという検察の捜査処分の方針が実態に即しておらず、論理的にも矛盾していることは、堀井学氏に対する政治資金規正法違反と公選法違反による略式起訴の前提事実からも明らかになった。

その堀井氏に対する略式請求と同時に丸川珠代参議院議員（当時）に対する政治家個人宛の寄附禁止違反等による告発を「嫌疑なし」で不起訴としたが、一〇月一一日に行った検察審査会への申立について、本書の執筆を終えようとしている二五年三月上旬の時点でも、検察審査会による審査が続いている。すでに述べたように、この「嫌疑なし」不起訴は、「還流金等は政治団体に帰属している」という検察の捜査処分の一般的認定を前提にして、それと論理的に両立しないから「嫌疑なし」としたものであり、その前提が間違っている以上、検察審査会で、「不起訴不当」の議決が出る可能性は相当程度あり、その場合、検察は窮地に追い込まれる。

通常は、「不起訴不当」の議決であれば、「起訴相当」とは異なり、法的拘束力はなく、検察が再捜査をした上、再度不起訴処分を行えば、それで刑事事件は終結する。しかし、丸川氏の事件の場合、「嫌疑なし」での不起訴処分なので、それに対して「不起訴不当」というのは、「不起訴処分の前提が間違っている」ということである。通常の検察官の不起訴処分では考えられないこのような「不起訴不当」の議決が出た場合、検察は、告発（審査申立）での主張を前提とする再捜査を行わなければならなくなる。それを行えば、丸川氏らを「政治家個人宛寄附の禁止違反」と、その違反を隠蔽しようとして、告発された直後の三月二九日に政党支部の収支報告書に寄附の虚偽記入を行った事実について起訴することが十分に可能になるはずだ。

「政治家個人宛寄附を受けた」という政治資金規正法違反の処罰を免れるために、新たに政治資金規正法違反の犯罪を行ったということであれば犯情は悪質だ。

そして、同様の問題が深刻な事態を招きかねないのが、「都議会自民党」の裏金問題である。前述したように、都議の場合、国会議員のように事務所での政治資金の収支管理の体制は整っていない場合が多いと考えられ、ノルマ超のパーティー券売上の留保金を、個人の資金と混同していた事例も少なくないと考えられる。その場合は、政党支部、政治団体に帰属したものではなく、個人所得であることは明らかであり、所得税の修正申告が必要だ。それなのに、その留保金について政党支部等への寄附として収支報告書を訂正したことと、それが虚偽であったことが柴崎都議の訂正が刑事告発されたことで明らかになった。これについて、多くの都議が「脱税目的の政治資金収支報告書の虚偽記入罪」という悪質な政治資金規正法違反の犯罪に問われる可能性がある。

しかし、これまで、検察は、国会議員、都議を問わず、ノルマ超のパーティー券売上の還付金、留保金はすべて政治団体に帰属するとの前提で捜査処理を行っており、還付金、留保金について所得税を修正申告したという話は全くない。都議会自民党の問題で所得税修正申告をする都議が出てくると、それが蟻の一穴となって、これまでの検察の捜査処分の前提が、大きく崩れてしまうことになりかねない。

池田元衆議院議員、大野参議院議員の刑事公判も、今年には本格化するだろう。そこで、裏金の帰属が正面から争われれば、検察の立証は窮地に追い込まれる。

今年、検察は、裏金事件に関して危機的事態に直面する可能性がある。

このような状況に至った最大の原因は、政治資金規正法の罰則適用についての基本的な視点からの検討が不十分だったことだ。検察が「政治資金規正法の大穴」の問題があることを踏まえて検察捜査を行うとすると、政治資金収支報告書の不記載・虚偽記入罪より、むしろ、政治資金規正法二一条の二第一項の「政治家個人宛の政治資金の寄附」の禁止規定を適用する方が、実態に即しているとの認識につながったはずだ。

ノルマ超の売上の還流あるいは、パーティー券の売上の一部を議員側に留保する中抜きで議員側に供与され、収支報告書に記載しない前提の金なのだから「政治家個人宛の寄附」であったことを、授受の当事者双方に認めさせる方向で捜査を行うことは十分に可能だったはずだ。少なくとも裏金を議員個人の口座で保管していたり、議員個人から政治団体への貸付で処理しているなど、政治家個人への帰属が客観的に認められるケースもあったのである。

そして、政治資金収支報告書の不記載・虚偽記入の場合には第一次的には会計責任者が罰則適用の対象となるのとは異なり、「公職の候補者の政治活動に関する寄附（政治家個人宛の寄附）」を受けた者は、「何人も」処罰の対象となる。つまり、政治家たる議員個人も秘書も罰則の対象となる。もっとも、実際に処罰するためには「政治家個人宛の寄附を受ける犯意」が証拠により立証される必要がある。政治家個人である議員に、個別の寄附について認識があり、犯意が認められる場合には、政治資金規正法二一条の二第一項違反となり、禁錮《きんこ》一年以下または五〇万円以下の罰金の罰則の対象となる。その場合、公民権停止となり、違法寄附は全額没収され、国庫に帰属することになる。

議員側に個別の寄附についての認識がなければ、処罰は困難だが、その場合でも、秘書が処罰される可能性はある。実態として「政治家個人宛の寄附」だったのであれば、その実態に即して受領した寄附についての納税や返金などの措置をとることが可能だったはずだ。原則として議員個人の雑所得として課税することになり、議員個人が実際に政治活動に使った分は所得から控除されることになる。「政治資金の寄附」ではなく、「個人所得」（パーティー券の販売の報酬として「自由に使ってよい金」として渡った場合）であれば、当然のことだが、全額が所得税の課税の対象となる。

「政治家個人宛の寄附の禁止規定」が適用されなかった根本原因

検察捜査が、そういう方向で行われなかった理由として、すでに述べた本件の告発や捜査の経緯に加えて、従来、検察の政治資金規正法の罰則適用のほとんどは、罰則が最も重い収支報告書の虚偽記入罪の適用であり、それ以外の罰則適用の事例はあまりなかったため、「政治家個人宛政治資金の寄附」の禁止規定を適用する発想自体がなかったことが考えられる。虚偽記入罪の罰則適用を当然の前提として捜査を進めたことが考えられる。

また、政治家個人への寄附の禁止の適用が検討されなかった理由として、「禁錮一年以下または罰金五〇万円以下」と罰則が極めて軽いことも影響していたと考えられる。

仮に、「政治家個人宛の政治資金の寄附」禁止違反の刑事事件を前提として、今回の裏金問題をとらえた場合、公訴時効が三年となる。虚偽記入の場合の公訴時効が五年で、五年分の政治資金パーティーの分を刑事立件の可能性のある裏金ととらえることができるのと比較して、立件の対象も裏金総額もかなり少額にとどまることは避けられない。

このようなことが、検察捜査において、「政治家個人宛の寄附」禁止規定の適用が検討されなかった根本的な原因であろう。

第 六 章

裏金問題を踏まえた
政治資金規正法改正

検察の捜査・処分の誤りのため「法律の欠陥」は顕在化しなかった

軍であれば、軍事行動に臨む際には、戦略目的を達成するために必要な武器を調達し、それが実戦において適切に使用できるよう、武器の性能や欠陥の有無を確認していくことが必要であることは言うまでもない。

法執行機関としての検察の捜査においては、武器となるのが法律の罰則だ。それを法目的に即して正しく適用して捜査・処分を行うことが求められている。

そうである以上、武器である法律の罰則に重大な不備欠陥があり、そのままでは法目的を達成することに支障があるというのであれば、その欠陥を無視して武器を使い続けるのではなく、それを運用する際に、武器である罰則に不備欠陥があることを踏まえて、可能な範囲で法適用を行うことになる。そのために戦略目標を達成できなかったのであれば、その不備欠陥を是正するための事後対応が不可欠だ。

ところが、政治資金パーティー裏金問題では、「政治資金規正法の大穴」という武器の構造の根本的な欠陥のために、政治資金収支報告書の不記載・虚偽記入罪という主力の武器の使用が困難であり、「政治家個人宛寄附の禁止規定」という武器も、罰則が軽いという難点があったのに、検察はそのような問題がないかのような前提で捜査処理を行った。それについて法務省も適切な対応を行ったとは言い難い。

しかも、その問題については、軍の意向に追従する「従軍記者」の立場の司法メディアもほとんど沈黙し、問題の指摘すらしなかった。その結果、検察の捜査・処分では政治資金規正法の欠陥は全く顕在化せず、それがなかったかのような前提で、その後の政治資金規正法の改正論議が進んでいった。

政治資金規正法改正の現在地

自民党派閥政治資金パーティーの問題では、派閥から合計で数億円が裏金として所属議員側に渡っていたことが判明したが、国会議員はほとんど処罰されず、議員個人に帰属したはずの裏金について所得税を支払わされることすらなかった。国民の代表であるはずの国会議員が多額の裏金を得て、領収書もなく自由に使える状態が恒常化しているのに、政治資金規正法による処罰が行われず、課税すら行われないことに対して、国民の怒りが爆発することになった。

そのような裏金問題の結末は、根本的には政治資金規正法の欠陥によるものであり、それが法改正によって是正されるべきであるのに、検察の捜査処分の誤りが、その政治資金規正法の欠陥を覆い隠す結果になり、法改正に向けての問題点が世の中に認識されていない。

政治資金規正法の目的に著しく反する行為に対して罰則適用ができない根本的な原因は、企業・団体献金をめぐるいびつな現行制度にある。政党の在り方として疑問がある政治家個人単位の政党支部を企業・団体献金の受け皿として認めているために、必然的に政治家に複数の「財布」が存在することになる。収支報告書の作成・提出を個々の団体の会計責任者に義務づけている現行の政治資金収支報告制度の仕組みとの不整合によって「政治資金規制法の大穴」という構造的な欠陥が生じている。ところが、これまでの法の改正の議論の中では、その認識が完全に欠落している。

政治資金パーティー裏金問題を受け、二〇二四年通常国会と同年一二月の臨時国会で二回の政治資金規正法改正が行われた。ここで議論において主たる争点とされたのは以下である。
①政治資金収支報告書虚偽記入罪等についての「連座制」の導入、②「政治家個人へ

の寄附の禁止」については、二一条の二第二項で「政党からの寄附」が除外されているため、政策活動費等として政治家個人が政党から合法的に政治資金の寄附を受けることができ、それについて政治資金収支報告書への記載義務はないことが政治資金の不透明性の大きな原因とされてきたが、この「政党からの寄附」を例外としている規定を削除し、政策活動費を廃止すること、③政治資金パーティー売上の公開基準の二〇万円超からの引下げ、④企業・団体献金の廃止だった。

①については、上記のような「政治資金規正法の大穴」を塞《ふさ》ぐこともなく、会計責任者の処罰で国会議員等の政治家が公民権停止となる連座制を導入することは、民主主義にとっての脅威となりかねないとの指摘を行った（【「裏金」事件の捜査、処分からすれば、連座制導入は「民主主義への脅威」になりかねない】Yahoo!記事）。

「政治資金規正法の大穴」は、会計責任者が検察に協力すれば潜り抜けることができ、一方で、国会議員と秘書との間でパワハラ等のトラブルが起きる例は枚挙にいとまがない。もし国会議員に対して悪感情を抱いている秘書が会計責任者を務めている場合に、収支報告書への記載や領収書の交付が行われていない収入について、その秘書が、検察に協力して、「政治資金の帰属」と「不記載の事実」を供述すれば自ら処罰を受けることが可能となる。公選法のような連座制が導入されていると、もし裏金作りに関わっていなかったとしても、国会議員が公民権停止で失職することになってしまう。

その国会議員が、裏金に主体的に関わり、そのことについて責任を免れないのであれば、失職することになっても自業自得である。しかし、国会議員が与《あずか》り知らないことであった場合であっても、秘書たる会計責任者の供述だけで国会議員の地位を簡単に奪えることになってしまうのは問題だ。検察の捜査・処分が恣《し》意的に行われかねない現状のままで、「政治資金規正法の大穴」を塞ぐことなく、会計責任者が処罰された場合に代表を務める国会議員が公民権停止となる連座制を導入した場合、国会議員は与野党を問わず、検察のご機嫌をうかがいながら、議員活動を行わざるを得ないことになる。それは、民主主義に対する脅威にすらなりかねない。法の趣旨を理解しないままの重罰化や処罰範囲の拡大は、むしろ望ましい政治の在り方を実現しづらいものとしてしまうのである。

結局、「連座制」に関して、「国会議員関係政治団体の代表者には会計帳簿等の保存や収支報告書が適正に作成されていることを確認することを義務づけ、会計責任者から代表者に収支報告書の作成について説明し、法律に基づいた作成について『確認書』を代表者が交付し、収支報告書と併せて提出することも義務づける。会計責任者が不記載・虚偽記入で処罰された場合には、代表者を公民権停止とする規定を設ける」という自民党案に公明党等が賛成して成立した。③については、公明党が厳しい姿勢で臨んだこともあり、それまでの二〇万円超が五万円超に引き下げられた。

②については、通常国会では自民党の反対で実現しなかったが、同年一〇月の衆議院議員選挙で、自民党が大敗し自公過半数割れに追い込まれたことなどもあり、その後の臨時国会で、②を自民党が受け入れ、上記の「政治家個人の政治活動に関する寄附の禁止」において「政党からの寄附」を例外としている規定が削除され、政策活動費は廃止された。

こうして、政治資金パーティー券の購入の公開基準の二〇万円超から五万円超への引下げ（令和六年六月改正法成立、七年一〇月施行）、政治資金規正法二一条の二第一項で禁止される「政治家個人への寄附の禁止」の例外として、同二項で認められていた政党から政治家個人への寄附、すなわち政策活動費の廃止（令和六年一二月改正法成立、八年一月一日施行）などの政治資金規正法改正が行われ、二〇二五年通常国会での政治改革についての議論では、④の企業・団体献金の廃止の是非が最大の争点になっている。

改正に実効性はあるのか？

これまでの政治資金規正法の改正をどう評価するかだが、①の連座制の導入については、そもそも、「政治資金規正法の大穴」の問題が解消されていなければ、今回のような裏金については、どの政治団体に帰属するのかが特定できず会計責任者を特定できないのであるから、会計責任者すら処罰できないのであり、政治団体の代表者である議員本人に政治資金収支報告書の確認書の提出をさせることに意味があるとは思えない。また、多くの政治資金の寄附の記載漏れについては、会計責任者自身も、寄附を受けたことを認識していなかったと弁解することが多いのであり、国会議員側も「収支報告書の内容を質問したが報告がなかったので気づかなかった」と弁解することができてしまう。結局、確認書の提出を義務づけても実効性はほとんどない。②の政策活動費の廃止については、第四章で述べたように、政治資金パーティーの裏金問題が、もともとは政策活動費を用いたマネーロンダリングが起源だったとの認識が一部にあり、派閥側から裏金が渡された際に、政策活動費が収支報告書への記載が不要な理由ともされるなど不透明な裏金の根本原因であったこと、自民党から党幹部に渡されてきた巨額の政策活動費が、不透明な政治資金の温床とされてきたことからしても、政策活動費への対応が、今回の裏金問題を受けての政治資金規正法改正における重要課題だったことは確かである。

しかし、政策活動費を廃止するとしても、政治資金規正法二一条の二第一項の「政治家個人宛寄附の禁止」の実効性を担保することは容易ではないという問題が残る。同規定は、禁止の対象を「金銭等によるもの」に限定しており、総務省が示した解釈では、「金銭と有価証券による供与」が禁止されているだけで、例えば、ビットコインのような仮想通貨による供与が行われることは野放しである。しかも、この禁止規定の法定刑が禁《きん》錮《こ》一年以下・罰金五〇万円以下と軽く、公訴時効が三年なので、各年の政治資金収支報告書が翌年一一月に公表され、実際に、発生した政治資金の収支が公開されるまでに平均しても一年半程度かかる現行制度の下では、処罰される範囲は狭い。今回の政治資金パーティー裏金問題のように、政治資金収支報告書の記載に基づいて問題が指摘され、それが刑事事件に発展して、最終的に裏金の存在が明らかになり、「政治家個人の政治活動に関する寄附の禁止」違反が発覚しても、その多くが公訴時効にかかっている、ということになりかねない。

では、「政治家個人宛寄附の禁止」の罰則を大幅に引き上げることができるかといえば、それも、同種の行為に対する罰則との比較から、現実的には難しい。例えば国会議員が、職務に関して賄賂《わいろ》を収受した場合、（請託を伴わない）単純収賄であれば、五年以下の懲役、国会議員が、行政庁や自治体の行政処分に関して口利きをした謝礼として金銭等を受け取る斡旋《あっせん》利得については、三年以下の懲役という法定刑が定められている。これらは、「公務員の職務に関する賄賂」「口利きの謝礼」という実質を伴う犯罪であり、それらと比較すれば、単に、国会議員が違法に個人で政治資金の寄附を受けただけの行為に対する罰則の重さには限界がある。「政治家個人に対する寄附の禁止」の罰則を引き上げるとしても、「斡旋利得行為」の法定刑を超える引上げは困難であり、「三年以下の禁錮」が限度であろう。そうなると、公訴時効期間は三年であり、現行法と変わらないことになる。

「政治資金の収支の公開」を中心とする政治資金規正法の趣旨から、政治資金収支報告書の不記載・虚偽記入罪が最も重い犯罪とされているのであり、「政治家個人宛の違法寄附」に対する罰則が相対的に軽いのは致し方ないと言える。

また、そもそも「政治家個人に対する寄附の禁止」の規定の対象が「金銭等によるもの」に限定されたのは、寄附全般を対象にした場合、役務提供など不定形なものも対象となり処罰の範囲が曖昧《あいまい》になりかねないとの配慮があったようであり、処罰対象を拡大することにも限界がある。

このように考えると、政策活動費の廃止による「政治資金の透明化」を図ろうとする方向性は正しいとしても、その実効性を担保していくことは容易ではないと言わざるを得ない。

上記③の政治資金パーティー売上の公開基準の二〇万円超から五万円超への引下げは、匿名の個人の小口の政治資金を集めることを目的とするものであるはずの政治資金パーティーの本来の趣旨に沿うものとして一定の評価はできるが、①、②についての法改正にはまだ多くの問題があり、今後の最大の争点となる④の企業・団体献金の禁止の問題も含めて、抜本的な改革に向けての議論を行っていくほかない。

政治資金規正法の改正に関して避けて通れない問題が、「政治資金の寄附の帰属」に関する「政治資金規正法の大穴」の問題である。そのような「構造的な欠陥」が生じたのも、もとはといえば一九九四年の政治資金規正法の改正の際に、政党助成制度の導入と引き換えに、企業・団体献金を廃止する方向を打ち出したのに、議員個人が代表となる政党支部が企業・団体献金の受け皿となる抜け道を認めたことで、政党支部と資金管理団体という「二つの財布」の存在が、事実上制度化されたことに根本的な問題がある。

その経緯に関して、これまでの政治資金規正法の歴史、法改正の経緯などを振り返ってみよう。

政治資金制度改正の歴史

政治資金規正法が制定されたのは一九四八年（昭和二三年）、当初は、「政治資金は国民の民主主義への参加のための浄財」という考え方から、収支の公開が中心で、寄附の制限はほとんど規定されていなかった。

その後、昭電疑獄、造船疑獄のほか、黒い霧事件など政界をめぐる事件が多発し、政治腐敗への批判が高まり、昭和三〇年代に入って、国民の間から政治資金制度改革を求める声を受け、一九六一年に選挙制度審議会設置法が制定され、有識者と民間人による審議会の場で政治資金制度改革が議論され、六六年には、企業・団体献金の禁止等を盛り込んだ第五次選挙制度審議会答申が出された。この頃、長谷部《はせべ》忠《ただす》、中野《なかの》好夫《よしお》、市川房《いちかわふさ》枝《え》など、日本を代表する言論人が中心となった政治資金規正協議会の提言も行われた。

これを受けて、政治資金規正法、公職選挙法改正案が国会に出されたものの、自民党側の消極姿勢もあって審議は進まず、審議未了廃案を繰り返していたところ、昭和四〇年代末に表面化した「田中《たなか》（角栄《かくえい》）金脈問題」での国民の批判の高まりを受けて登場した三木《みき》武夫《たけお》首相の強いリーダーシップによって、一九七五年に、ようやく「第五次選挙制度審議会答申」に基づく政治資金規正法改正法が成立した。

その直後から、ロッキード事件、ダグラス・グラマン事件等を受けて、政治倫理確立が当時の大平正芳《おおひらまさよし》内閣の重要な政治課題になり、民間有識者及び関係閣僚からなる首相諮問機関、航空機疑惑問題等防止対策に関する協議会が設置され、「政治家個人の政治資金の明朗化」を提言、一九八〇年に政治資金規正法改正法が成立、政治家個人の政治資金の公開のための指定団体制度、保有金制度等が導入されたが、多くの抜け穴があり実効性がないものだった。

一九八〇年代末、リクルート事件等で「政治とカネ」の問題への批判が高まり、自民党は政権を失い、一九九四年、細川護熙《ほそかわもりひろ》内閣の連立与党と自民党の合意で政治改革四法が成立、選挙制度改革・政党助成制度の導入に伴い政治資金規正法の大幅改正が行われた。企業・団体からの寄附の対象が政党と、政治家個人が政治資金の拠出を受けるべき政治団体としての資金管理団体に限定（当初は、資金管理団体にも企業・団体からの寄附が年間五〇万円まで認められていたが、二〇〇〇年一月一日以降は禁止）され、保有金制度は廃止された。法違反に対して罰則が強化され、有罪確定時の公民権停止規定も導入された。

資金管理団体に指定されると、資金管理団体の届出をした政治家からの寄附については個別制限の適用を受けないなどの特典があるが、政治家に関連する寄附の入金先が資金管理団体に限定されるわけではない（二〇〇八年、「国会議員関係政治団体」に関して、すべての領収書の開示、第三者による監査を義務づける制度が導入されたが、これも国会議員に関する政治資金の収支が複数の団体で行われることを前提にしている）。

こうして、現行の政治資金制度の枠組みが作られたのであるが、その中で、議員個人を代表とする政党支部が企業・団体献金の受け皿となることが認められたことから、政治家個人宛の寄附が禁止されていても、政党支部で寄附を受けることができ、企業・団体献金禁止の意味はほとんどなくなった。国会議員は少なくとも政党支部と資金管理団体という「二つの財布」を持てることになり、それ以外にも国会議員関係政治団体があり得るので、「複数の財布」の存在が事実上制度化されている。それが、政治家個人が受領した裏金について政治資金の帰属が判然とせず収支報告書の虚偽記入罪で処罰できないという政治家個人への裏金に関する「政治資金規正法の大穴」につながっているのである。

この法改正で、政治家個人への寄附が禁止されたことに伴い、政治家個人の収支報告書の作成・提出義務がなくなったのであるが、前述したように法定刑が軽いこともあって、実際に、過去に、「政治家個人への寄附禁止」違反で処罰されたケースはなく、今回の裏金議員の中で「政治家個人への寄附」が疑われる事例もあったが、全く刑事立件されていない。

本質的な問題は、今回の問題で露呈したように、自民党派閥や国会議員側に政治資金の透明性という、政治倫理として当然の要請に対する認識も、領収書不要の裏金に対する抵抗感も希薄だということだ。その大きな原因が、「政治家個人への寄附の禁止」について政党からの寄附が除外され、党本部から幹事長等の政治家個人に政策活動費等の名目で渡った政治資金については収支報告書の公開の対象外となることから、領収書不要の資金が事実上許容されていることにあった。

「政治資金規正法の大穴」の解消のための法改正

「政治資金規正法の大穴」が塞がれず、政治家個人が現金で受領した裏金について、帰属が特定できないために処罰できないという政治資金規正法の構造的な欠陥が是正されなければ、従来、政策活動費として不透明な形で提供されていた資金が、何らかの別の手段で政治家個人に供与され、裏金が発覚しても、それを受領した議員に対する処罰がほとんど行われず、所得税の課税すら行われていないという事態が今後起きる可能性が十分にある。そのような事態が生じないようにするための法改正として、二つの方向が考えられる。

一つは、一九九四年改正で廃止された政治家個人の収支報告書の作成・提出義務を復活させることである。抜け道だらけであった「保有金制度」のようなものではなく、当該政治家に関する政治資金の収支について、政治団体や政党支部の収支報告書に記載されているもの以外は、個人の収支報告書にすべて記載することを義務づける。それに伴い「政治家個人宛寄附の禁止」規定は廃止する。

具体的には、政治家は、自らの資金管理団体のほか、自身が代表を務める政党支部、国会議員であれば国会議員関係団体について、会計責任者が政治資金収支報告書を提出した後、ただちに会計責任者から収支報告書の写しの交付を受け、それらの収支報告書の内容を確認し、自身に関係する政治資金の収支で、それらの収支報告書に記載されていないものを記載した「政治家個人の政治資金収支報告書」を作成し、提出する。その期限は政治団体の収支報告書の提出期限の三〇日後くらいとする。

この場合、政治家個人が自身の名義で収支報告書を提出するのであり、自身の収支報告書の正確性について直接的に義務を負うので（秘書等に作成の補助をさせたとしても責任を負うのは政治家個人である）、不記載・虚偽記入があれば、政治家個人が処罰されることになる。その場合の収支報告書の作成提出に関する責任の程度は会計責任者と同程度になるので、法定刑も、会計責任者と同じ、「禁錮五年以下または罰金一〇〇万円以下」とすべきである。

このようにすれば、それぞれの政治家に関する政治資金の動きは、個人の収支報告書と関連団体の収支報告書ですべて明らかになり、不透明性を解消できる。

もう一つは、政治家個人が代表となる政党支部を廃止し、政党支部への企業・団体献金という抜け道をなくすこと、そして、公職の候補者すなわち政治家の収入を帰属させる政治団体を資金管理団体のみとし、財布を一元化することである。

そもそも、「資金管理団体」については、政治資金規正法一九条一項で、「公職の候補者は、その者がその代表者である政治団体のうちから、一の政治団体をその者のために政治資金の拠出を受けるべき政治団体として指定することができる」とされており、拠出を受けるべき政治団体は一元化する方向だった。

しかし、前述のとおり、国会議員について、政治資金の寄附の入金先が資金管理団体に一元化されていないために、「政治資金規制法の大穴」の問題が生じている。

このような状況を改めるためには、国会議員等の政治家個人が代表を務める政党支部への寄附を禁止し、政治家の寄附の受け入れ先を資金管理団体に一元化することが必要である（「その者のために政治資金の拠出を受けるべき政治団体」としての資金管理団体の指定を義務づけ、国会議員のための政治資金の拠出としての寄附を、資金管理団体以外の政治団体で受けることを禁止する)。

今後の国会での最大の争点は、一九九四年の政治改革四法の成立以来の懸案だった企業・団体献金の禁止が実現するかどうかであるが、それに関連して、政党支部への企業・団体献金を禁止することは、「政治資金規正法の大穴」を塞ぐという面でも、極めて大きな意味を持つものなのである。

今回、検察捜査を契機に次々と明らかになる国会議員の裏金問題に対して、国民の怒りが爆発した。それは、お金に対する国民の常識と、政治家の認識との間に、いかに大きな乖離《かいり》があるのかを示すものと言える。

しかし、そのような事態に至っていることの責任は、これまで、「政治家による政治資金規正法改正はどうせお手盛りだから、ザル法だ」と言いつつ、議論は国会議員に委《ゆだ》ね、その「ザル法」の下で繰り返し表面化する「政治とカネ」の問題で政治家を批判する、ということを繰り返してきた国民の側にもある。

不透明な政治資金によって、政治が歪《ゆが》められたり、信頼を失うことがないようにするための政治資金制度に、国民が関心を持ち、制度改革に向けての議論に積極的に関わっていくことが必要である。

第七章

相次ぐ検察不祥事

「全能感」に支配された組織と法相指揮権

裏金事件の捜査・処分の誤りと法務・検察組織の根本的な問題

「政治資金パーティーをめぐる裏金問題」は、戦後の日本政治において権力の中心を占めてきた自民党の派閥の中で長年にわたって慣行的に続いてきた、政治資金の不透明なやり取りを象徴する構造的問題であり、その捜査・処分が、日本の政治と社会に甚大な影響を与えることは十分に予想された。

一方で、適用する政治資金規正法は、政治腐敗、「政治とカネ」問題への批判を受け、議員立法による改正で政治的妥協を重ねてきた歴史があり、その規定にも、罰則にも、多くの欠陥・抜け穴がある。そのような法律を用いて、また、適切な課税をも視野に入れて、適切に罰則適用し、実態に即した解決を導くことは、決して容易なことではなかった。

その検察を所管する法務省刑事局は、政治資金規正法改正の都度、罰則審査に関与しており、法律や罰則の解釈について豊富な知識・経験の蓄積があるのだから、それらを十分に活用し、法解釈面で検察当局をサポートすることが必要だった。

そして、罰則適用ができない理由が、法律の不備欠陥によるものであれば、それを指摘して、法改正の必要性の認識に結び付けることも必要だった。政治家個人に裏金が供与された場合に帰属先が特定できないために処罰できない「政治資金規正法の大穴」が生じたことの根本に、政策活動費等の政治家個人の不透明な政治資金のやり取りが政治資金規正法上合法とされてきたことの問題があるという点も、裏金問題の背景として明らかにすべきだった。

しかし、すでに述べたとおり、本件については、検察の捜査処理が裏金問題の実態に沿うものではなかったことから、捜査の結末とそれに伴う課税が、世の中の認識とあまりにも乖離《かいり》した。法務大臣の下にある法務省の一部局としての同省刑事局が、法律そのものの適正化に向けてその役割を十分に果たしたとは言えない。

検察という準司法機関としての行政機関が法務省に属しているという法務・検察システムの機能不全というべきであろう。

裏金問題の深刻化と同時期に、再審公判が進行していた袴田事件についての再審無罪判決に関して出された畝本検事総長談話が厳しい社会的批判を受けた問題、大阪高裁で検察官の取調べでの特別公務員暴行陵虐事件で付審判開始決定が出されるなど検察官の取調べをめぐる問題が多発しているのも、根本には同様の問題がある。

大阪高裁による検察官の付審判決定

大阪高裁は二〇二四年八月八日、大阪地検特捜部が逮捕・起訴した不動産会社社長が、二四八日間身柄拘束された後に無罪が確定し、「人質司法」が問題となったプレサンスコーポレーション事件で、違法な取調べをしたとして特別公務員暴行陵虐罪で告発されている田渕大輔検事を審判に付することを決定した。

決定では、田渕検事による「威圧的、侮辱的な言動を一方的に続けた」取調べを黙認した検察組織の姿勢を厳しく批判し、「検察における捜査・取調べの運用の在り方について、組織として真剣に検討されるべき」と異例の要請を行っている。

付審判請求は、公務員による各種の職権濫用等の罪について告訴又は告発をした者が、不起訴処分に不服がある時に、事件を裁判所の審判に付するよう管轄地方裁判所に請求することを認める制度だ。

審判に付する決定が行われると、検察審査会の起訴議決（いわゆる「強制起訴」）の場合と同様に、検察官ではなく、裁判所が指定した弁護士が起訴し、有罪立証を行うことになる。

二〇〇九年に検察審査会の議決に法的拘束力が与えられる起訴議決制度が導入されたが、それ以前から、検察官が公訴権を独占し、検察官による訴追裁量権を認める起訴便宜主義の例外として刑事訴訟法に定められていた制度である。

犯罪捜査において警察官の職務上の行為が違法と評価する程度に達していた場合であっても、検察官は、刑事事件の捜査において警察と協力関係にあることから（刑事訴訟法一九二条・一九三条など）、本来であれば起訴すべき警察官の職権濫用行為を公平中立に起訴することが困難な立場にある。そこで、特別公務員職権濫用、特別公務員暴行陵虐など、特定の公務員犯罪に限定して、裁判所の決定に基づいて起訴をすることができるというのが、このような制度が設けられた理由である。特捜部などの検察独自捜査では、警察ではなく、検察官が自ら捜査を行うので、検察官による捜査の際の行為が、付審判請求の対象となり得る。

しかし、戦後、刑訴法施行後、二〇二四年現在、付審判請求が認められた件数は二三件に留《とど》まり、認容率はわずか〇・〇七%と、再審請求の認容率〇・四%より低く、実際に付審判決定が出されることは極めて稀《まれ》だ。

ましてや、裁判官と同じ法曹資格者である検察官について付審判請求が認容された事例は過去にはない。それだけに、今回の大阪高裁の決定が、検察にとって衝撃であったことは間違いない。

特捜部における検察官の取調べの在り方が問題になったのは、村木厚子《あつこ》氏が大阪地検特捜部に逮捕起訴され無罪となった事件が契機だ。その事件での証拠改ざん、不当な取調べ等の問題を受け、法務省に設置された検察の在り方検討会議（筆者も委員として加わった）が、違法な取調べ防止のため取調べの録音録画制度の導入を提言し、刑訴法改正で、検察の独自捜査について全過程の録音録画が導入された。しかし、その後も、特捜事件では長時間にわたる取調べの実態は基本的に変わっていないし、録音録画された取調べにおける検察官の言動が問題とされた事例も多数ある。

今回の決定でも、録音録画に記録された違法な取調べについて、「検察庁内部で問題視されたり、適切な対応が取られたりした形跡はうかがえない」と指摘している。

袴田事件再審判決への控訴と法相指揮権

一九六六年に静岡県の味噌《みそ》製造会社の専務一家四人が殺害・放火された、いわゆる袴田事件の再審で、二〇二四年九月二六日、静岡地裁は、死刑が確定していた袴田巌《いわお》氏に対して無罪の判決を言い渡した。

この再審一審判決には、「五点の衣類」のねつ造に加え、当初の刑事裁判を担当した検察官に対する「ねつ造された証拠を公判に提出して冤罪《えんざい》を作り上げた」かのような認定が証拠に基づく合理的なものと言えるかなど、検察にとって許容できない問題がある。「法と証拠」だけで判断するのであれば、控訴申立以外に選択肢はないというのが「検察の論理」だ。

四人が殺害された強盗殺人事件であり、政策的判断の余地は全くなく、本来は検察が「法と証拠」に基づいて判断すべき事件の典型例であったが、五八年もの年月の経過により、もはや刑訴法に基づく刑事裁判として真相解明を行って解決する範疇《はんちゅう》を超えた事件になっている。再審判決は、従来の刑事訴訟による事実認定の枠組みを超えているようにも思えるやり方で捜査機関のねつ造を認定し、無罪の結論を導いたが、一方で、事件発生からすでに五八年、袴田氏は八八歳、これまで袴田氏を支えてきた姉のひで子氏も九一歳。年齢を考えると、これ以上、再審の審理が長引くことは社会的に許容されない。再審判決の「五点の衣類」のねつ造を認めた事実認定を控訴審で覆せる可能性はあるとしても、では、「袴田事件冤罪」が、これ程までに国民の共通認識になっている以上、控訴審で最終的に有罪判決が出される可能性があるかといえば、ほとんどない。新聞各紙も社説で検察官控訴断念を強く求めており、実際に検察官が控訴を申立てた場合、検察組織が猛烈な社会的批判に晒《さら》されることは想像に難くない。

「法と証拠」に基づく検察の判断として不控訴の判断はあり得ないとしても、現実には検察官控訴は極めて困難だった。

結局、検察は控訴を断念した。その判断について出されたのが畝本総長談話だった。その中で「控訴して上級審の判断を仰ぐべき」と述べているのは、検察としての「法と証拠」に基づく判断という趣旨なのであろう。しかし、それを検察として公言するのであれば、その判断のとおり、控訴申立を行うしかなかった。

「袴田さんが、結果として相当な長期間にわたり法的地位が不安定な状況に置かれてきたことにも思いを致し、熟慮を重ねた結果、本判決につき検察が控訴し、その状況が継続することは相当ではない」と述べているが、そのような社会的観点からの不控訴判断をするのであれば、検察の「法と証拠に基づく判断」とは全く別個に行うしかなかった。

その唯一の解決方法は、法務大臣が不控訴の判断を行い、指揮権に基づいて、検事総長に指示することだった。その場合は、検察として控訴すべきとする判断は変えることなく、法務大臣の社会的観点から不控訴が決定されたということになる。

誤った畝本総長談話の背景にある検察の「全能感」

前記畝本総長談話は、検事総長談話として公表するものである以上、畝本総長だけの見解ではなく、少なくとも、最高検が組織として判断した内容であろう。なぜ、そのような誤った判断を行ったのか。

そこには、検察の組織において、「法と証拠に基づく判断」の限界が正しく理解されず、あらゆることが検察の権限内で解決可能であるような「全能感」に支配されていることに根本的な問題があるように思われる。

本来、そのような「検察の権限行使の限界」に関して、行政権の行使の主体である内閣との唯一の接点として重要な役割を果たすべきなのが法務大臣だ。しかし、歴代の法務大臣のほとんどは政治家であり、捜査権限を有する検察に対して物を言うことに腰が引けていたため、その職責を果たして来なかった。

昔、私が検事任官数年目の若手検事だった頃、当時国連アジア極東犯罪防止研修所所長だった大先輩の講話の中で「検察も国のシステムの一つであることを忘れてはいけない」という話を聞き、目を見開かされる思いをしたことがあった。

検察も行政機関である以上、「国のシステムの一つ」であるのは当然のことなのであるが、検察官の仕事をしているうちに、刑事事件の捜査処理という刑事司法の世界を通してばかり物事を考えるようになり、検察を中心に世の中が動いているという「天動説」のような発想になっていく。

畝本総長談話で、「法と証拠に基づく控訴すべきとの判断」と、「社会的観点からの不控訴の判断」を検察が同時に行うかのように公言するという、致命的な誤りを犯してしまったのも、「法と証拠に基づく判断」の限界が正しく理解されていないことが根本原因であるように思える。

「検察も国のシステムの一つである」という、あまりに当然のことを前提に、「法と証拠による判断」には一定の限界があることを踏まえて、法務大臣の指揮権の在り方を考えてみる必要がある。

憲法六五条では、「行政権は、内閣に属する」と規定されており、内閣は行政権の行使について国会に対して連帯して責任を負うとされている（内閣法一条二項）。検察権も行政権の一つであり、検察庁も法務省に属する行政組織である。検察権の行使についても、内閣が国会に対して、最終的には国民に対して責任を負う。そして、国民を代表する国会で選ばれた内閣の一員として、検察権の行使について責任を負うのが法務省の長たる法務大臣である。

刑訴法上、検察官が公訴権を独占し、訴追裁量権を持つ日本の刑事手続において、刑事事件全般に関して検察が極めて強大な権限を有しており、日本の刑事司法の下では、検察の判断は、事実上、裁判所の司法判断に近いものとなっている。それだけに、司法権の行使に直結する検察の権限行使については、裁判官の独立と同様に、検察官個人としての独立性と、検察組織としての独立性が尊重されている。そのため、内閣の一員である法務大臣と、内閣から独立して「法と証拠に基づいて権限行使を行うこと」を使命としている検察との関係には微妙な問題がある。検察官の権限行使に他の官庁にはない特殊性があるためである。

検察庁法一条の「検察庁は検察官の行う事務を統括するところとする」との規定から、個々の検察官は、独立して検察事務を行う「独任制の官庁」とされ、検察庁がその事務を統括すると解されている。他の行政官庁のようにそのトップである大臣の有する権限を各部局が分掌するのとは異なり、検察官は、担当する事件に関して、独立して事務を取り扱う立場にある。一方で、検察庁法により、検事総長が「すべての検察庁の職員を指揮監督する」（七条）、検事長・検事正が管轄区域内の検察庁の職員を指揮監督する（八条、九条四項）とされ、検事総長・検事長・検事正は、各検察官に対して指揮監督権を有し、各検察官の事務の引取移転権（部下が担当している事件に関する事務を自ら引き取って処理したり、他の検察官に割り替えたりできること）を有している。刑事処分をめぐって主任検察官と上司の決裁官とが対立した場合、上司は事務引取移転権を行使して、他の検察官に事件を割り替えたり、自ら引き取って処分を行うことが可能だ。それによって「検察官同一体の原則」が維持され、検察官が権限に基づいて行う刑事事件の処分、公判活動等について、検察全体としての統一性が図られている。つまり、主任検察官個人の権限行使に対して、上司の決裁によるチェックが行われ、事件の重大性によっては、主任検察官が、所属する検察庁の上司や、管轄する高等検察庁や最高検察庁等の上級庁の了承を得た上で権限行使が行われる。

検察の権限行使について、誰が責任を負うのか

そのような検察の権限行使と法務大臣との関係について、検察庁法一四条は、「法務大臣は、第四条及び第六条に規定する検察官の事務に関し、検察官を一般に指揮監督することができる。但し、個々の事件の取調又は処分については、検事総長のみを指揮することができる」と規定している。

同条本文は、検察官としての権限行使に関して、一般的に法務大臣の指揮監督に服することを規定している。つまり、事件処理の一般的な方針、法令解釈等については法務大臣が個々の検察官に対して直接指揮監督を行うことができる。しかし、但書きで、個々の事件の取調又は処分、つまり「検察官としての権限行使」については、法務大臣が行う指揮の対象を検事総長に限定しているため、法務大臣が個々の検察官を直接指揮監督することはできず、検事総長に対して指揮を行い、検事総長に部下の検察官に対する指揮を行わせることによってのみ、法務大臣の指揮を個々の検察官の権限行使に反映させることができる。「検察の権限行使の独立性」を確保することと、法務大臣が、行政権に属する検察権の行使について内閣の一員として主権者たる国民に責任を負う原則との調和を図っているのである。

法務大臣が個々の事件について個々の検察官を直接指揮することができるとすると、検事総長、検事長からの指揮を受けている場合、どちらに従うべきかについて混乱を来すことになる。そこで、法務大臣の指揮は、個々の事件について最終的な決定権者の立場にある検事総長に対して行うようにすることで、個々の事件の捜査・処分についても法務大臣の権限が及ぶこととされているのである。

法相指揮権が「封印」される契機になった造船疑獄

検察庁法上は、指揮権の行使の範囲についての制約はない。しかし、少なくとも、一般の刑事事件に対しては、検察官の権限行使の独立性を確保することが、刑事事件について「法と証拠に基づいて適切に処理すること」だとされており、実際上、そこに法務大臣が介入する必要はないし、あえて介入した場合には、政治的意図による不当な干渉という批判を招くことになる。

一九五四年の造船疑獄で、佐藤栄作《さとうえいさく》自由党幹事長の逮捕を差し控えるよう犬養健《いぬかいたける》法務大臣が指揮権を発動したことで、当時の吉田茂《よしだしげる》首相の自由党政権に対する世論の批判が急激に高まり、首相退陣に追い込まれることとなった。「政治的圧力によって、正義を実現しようとした検察捜査の行く手が阻まれた」との認識がマスコミや世の中に広がり、「検察の正義」は神聖不可侵のもので外部からの圧力・介入は断固排除すべきという、戦前の「統帥権干犯」のような考え方から強烈な反発が生じたものだった。

それ以降、法務大臣の指揮権は、検察庁法に規定されていても、実際に行使することは許されない「封印されたもの」のように理解されることとなった。

しかし、実際には、この事件についての法相指揮権発動の真相は、そのような単純なものではなく、政治家と検察との間に様々な思惑と駆け引きがあったことが、史料や関係者証言から明らかになっている（渡邉文幸『指揮権発動』、信山社）。

法務大臣の指揮権が問題となるのは、そのような政治と検察の対立場面だけではない。検察の「法と証拠に基づく判断」には限界もある。世の中の様々な事象に関して発生する刑事事件の中には、「法と証拠に基づいて判断すること」だけでは適切な対応が期待できないものもある。その場合は、検察の判断に委《ゆだ》ねるだけではなく、法務大臣の指揮権による対応も必要となる。ところが、造船疑獄での指揮権発動以降、事実上「封印」されてしまったため、法務大臣の指揮権が検討されるべき場面でも、実際に活用されることはなかった。

外交上の判断と法務大臣の指揮権

法務大臣の指揮権が検討されるべき典型例が、外交上の判断が必要になる事件に対する捜査・処分である。事件が外交問題に密接に関連し、捜査・処分によって外交上の影響が生じる場合、検察が、外交上の影響をも含めて判断して捜査・処分を決定することは適切ではない。その判断についての責任を検察が負うことはできないからである。検察には外交の専門家はいないし、外交に関する情報もない。外交上の判断は、外務省を所管官庁として、内閣が国民に対して責任を持って行うべきであり、個別事件の捜査・処分においてそのような外交上の判断が必要な場合には、内閣の一員である法務大臣が総理大臣との協議の上で、検察に対して指揮を行うことが必要となる。

このような場合には、検察の側で、外交上の判断が必要な事件と判断した段階で法務大臣に報告し、その指揮を仰ぐべきである。捜査・処分に関して外交上の判断が必要な刑事事件というのは、検察が外部の介入・干渉を受けることなく独立して判断すべきという「検察の組織の独立性の枠組み」だけで対応することになじまない事例の典型である。

このような理由で指揮権を発動すべきであった事案として、二〇一〇年九月に起きた尖閣諸島沖での中国船の公務執行妨害事件がある。中国船船長の釈放を決定した際の会見で、那覇《なは》地検次席検事が「最高検と協議の上」と述べた上で、「日中関係への配慮」が釈放の理由の一つであることを明らかにした。この事件での船長の釈放について、検察が組織として外交上の判断を行ったかのように説明したのである。

しかし、検察官が訴追裁量権の行使に当たって考慮できるのは、当該刑事事件の情状や犯罪後の更生の可能性に関連する事情であり、外交上の配慮は、刑事訴訟法二四八条の訴追裁量権で考慮すべき事項に含まれるとは考えられない。

国の行政組織の役割分担と責任の所在という観点から考えた時、外交問題は外務省が所管し、その責任を負うのは外務大臣であり、国として最終的には内閣総理大臣が責任を負う。検察が外交上の判断を行ったとすれば、権限を逸脱したものである。

検察が船長釈放について外交関係に配慮したかのような説明を行ったことに対して、当時の仙谷由人《せんごくよしと》官房長官は「了とする」と述べ、「官邸側の意向を受けて検察が釈放を決定したのではないか」との疑いの指摘に対しても、外交関係への配慮も含めてすべて検察の責任において釈放の判断が行われたように説明した。しかし、外交上の判断の責任は内閣にあるのであり、刑事司法上の判断を行う権限しか有しない検察にそれを押し付けようとするのは許されないことである。この中国船船長釈放問題については、検察が内閣側に政治的に利用された面がある。

しかし一方で、このような、法務大臣の指揮権によらなければならない典型事例において、検察官の訴追裁量権の枠内で判断するかどうかという問題に対して、検察内部で十分な議論が行われたようには思えない。そこには「検察の正義」を絶対視し、いかなる場合においても、刑事事件の処分は検察内部で誰からの干渉も受けずに決めることにこだわり、法相指揮権を完全否定する「全能感」に支配された検察特有の発想があり、その背景に、それを支持するマスコミや世の中の論調がある。

検察不祥事への対応と法相指揮権

事案の性格上、検察内部だけで判断することでは適切な判断が期待できない場合もある。公務員による職権濫用などの罪について、検察官の不起訴処分に不服がある場合に、裁判所に事件を審判に付すよう請求できる付審判制度が設けられているのは、公務員職権濫用罪等の特定の公務員犯罪は、警察官・検察官が職務熱心の余り、その行為が違法と評価する程度に達していた場合に、検察官はその行為の結果の恩恵を受ける（例えば取調べで特定の供述を引き出すなど）立場にあり、利害関係を有するため、本来であれば起訴すべき警察官の職権濫用行為を公平中立に起訴するとは想定できないという考え方に基づくものである。

前記のとおり、プレサンスコーポレーション事件での大阪地検特捜部の検察官の取調べでの恫喝《どうかつ》暴言の特別公務員暴行陵虐事件で大阪高裁が付審判開始決定を出し、初めて現職検事の取調べが付審判の法廷で裁かれることになった。このような事件について、検察の組織だけに委ねていたのでは起訴はあり得なかった。

刑事事件が、検察官個人の犯罪にとどまらず、検察の組織自体の不祥事に発展した場合、その背景・原因に組織自体の問題が存在することも考えられる。このような事例においては、「検察の組織としての独立性の枠組み」で処理することでは公正な判断を期待できない。

二〇一〇年に表面化した大阪地検の証拠改ざん事件等の不祥事の際、当時の柳田稔《やなぎだみのる》法務大臣が検事総長に対して「厳正な対応」を指示した。この対応は検察庁法一四条本文の一般的指揮権によるものと解されているが、同条但書きの指揮権の発動もあり得る事態だったとも考えられる。

同年に、東京地検特捜部が小沢一郎《おざわいちろう》衆議院議員に対する陸山会《りくざん》事件の捜査の過程で、石川知裕《いしかわともひろ》氏（陸山会事件当時の小沢氏の秘書・捜査当時衆議院議員）の取調べ内容に関して特捜部のT検事が作成して検察審査会に提出した捜査報告書に、事実に反する記載が行われていた問題で、一二年六月二七日、最高検察庁は、虚偽有印公文書作成罪で告発されていたT検事、特捜部長（当時）など全員を、「不起訴」とした。

この事件は、検察が組織として決定した小沢一郎氏の不起訴を、東京地検特捜部が、虚偽の捜査報告書を検察審査会に提出し、検察審査会を騙《だま》して「起訴すべき」との議決に誘導して覆した「特捜部の暴発」とも言える不祥事だった。

これに対して、当時の小川敏夫《おがわとしお》法務大臣は、T検事らの不起訴処分の前に、検事総長に対して指揮権を発動して厳正な対応を求めようとしたが、野田佳彦総理大臣に止められたと、退任時の記者会見で明らかにしている（拙著『検察崩壊　失われた正義』、毎日新聞社）。

この時の検事総長は、私の検察官時代の最も尊敬する上司であった。元特捜部長で特捜部の内実も知り尽くした検事総長ですら、この歴史上の汚点とも言える「検察不祥事」に対して厳正に対応することはできなかった。そのことは、検察の組織的不祥事に対する検察内部の対応の限界を示している。法務大臣の指揮権で対応すべき典型事例だったと言うべきだろう。

内閣の一員の法務大臣と「準司法機関たる行政機関」の検察との微妙な関係

政治資金パーティー裏金問題では、国民の代表である国会の信任を得て成立している内閣の一員たる法務大臣には、検察当局の捜査処理と法務省刑事局の対応が国民の納得が得られる適切なものとは言い難かったことについて、決して責任がないとは言えないはずだ。そこには、法務省に属する行政機関でありながら日本の刑事司法の中核を担う準司法機関である検察の位置づけ、行政権を担う内閣の一員である法務大臣との関係という微妙な問題はあるものの、法務大臣にとって、検察庁法一四条に基づく検察への対応は、最も重要な職責の一つであるはずだ。しかし、歴代の法務大臣の大半は政治家・国会議員であり、就任会見の時点から「指揮権は行使しない」と確約し、実際に検察の問題を「聖域」のように扱い、一切関わりを持たないかのような態度に終始してきた。

法務大臣が、個別の事件、とりわけ政治家に関連する事件について個別の事件の捜査処分に介入すること、それが、大臣自身が所属する政党や派閥を利する方向である場合は、重大な政治責任を負うことになる。造船疑獄における犬養健法務大臣の指揮権発動が、吉田茂内閣の総辞職につながったのが典型例である。

しかし、今回の裏金問題についてみると、検察の捜査処理の方向性が、事案の実態にも法律の趣旨にも沿わないものとなり、所得税の課税も含めて、国民の認識と大きな乖離が生じかねない状況だった。そうした中で、検察が適切な捜査処理を行える環境を整えるための法務省刑事局のサポート等を積極的に行うよう指示すること、国民が重大な関心を持つ政治資金規正法違反事件の捜査・処分について、形訴法四七条の規定に反しない範囲で、法解釈や捜査処理の方針等について、国民に納得できる説明を行うよう一般的指揮権に基づいて検察当局に指示することは、法務大臣として正当な対応だった。

それにより、裏金事件に対する国民の認識も、それによる政治的影響も、大きく異なるものになっていたはずだ。

法務大臣が果たすべきだった重要な役割

二〇二三年一二月一九日、東京地検特捜部が、政治資金パーティー裏金事件で政治資金規正法違反の疑いで強制捜査に乗り出し、安倍派と二階派の事務所を捜索した時点で、二階派に所属する小泉龍司《こいずみりゅうじ》法務大臣が「検事総長への捜査の指揮権を持つことから、今後の捜査に誤解を生じさせたくない」として、二階派を離脱した。

私は、その時点で出したYahoo!記事【指揮権に対応できない小泉法務大臣は速やかに辞任し、後任は民間閣僚任命を】で、法務大臣が、捜査の対象となっている派閥に所属していた自民党の政治家であった場合、公正で客観的な判断が求められる法務大臣の職責を果たすことはできないことを指摘し、リクルート事件の際の元内閣法制局長官・元最高裁判所判事の高辻正己《たかつじまさみ》氏、ゼネコン汚職事件の捜査の際の民事法学者の三ケ月章《みかづきあきら》氏のように、十分に法律に精通した民間人の法務大臣を起用すべきだとの意見を述べた。

しかし、岸田首相は、法務大臣人事について問題意識を欠いたまま小泉氏を留任させ、その後、「政治資金パーティー裏金事件」について、法務大臣も法務省当局も、表だった対応は全く行わなかった。

小泉氏は、二〇二四年六月の通常国会での参議院法務委員会で、鈴木宗男議員から、大川原《おおかわら》化工機事件での公訴取消しやプレサンスコーポレーション事件などについて、法務大臣として実態について報告を求めるべきではないかと質問されても、「政治家たる大臣が個別事案に関わることは国民から疑念を招く」と述べて、既に確定した事件であっても個別の問題には法務大臣としては一切関わらないと答弁した。その後、同委員会で、検察庁法一四条但書きの法務大臣の個別的指揮権について質問され、

「検事総長が法務大臣をなだめるための規定」

「検事総長が、冷静になってくださいと、介入しないでくださいという政治家を止めるための規定」

などという〝珍説〟を述べ、法務大臣として検察の職権行使の問題への関わりをすべて拒絶することが検察庁法の趣旨であるかのような答弁を行った。

同年一〇月に石破茂内閣が発足し、小泉氏の後任として、弁護士でもある牧原秀樹氏が法務大臣に就任した。袴田事件の再審無罪判決に対する控訴断念についての前記の畝本検事総長談話が袴田氏を犯人視するものだとして弁護団等から批判されていることに

ついて「検察は判決は受け入れている。不控訴の判断理由を説明する必要な範囲で、判決内容の一部に言及したものと承知している」と、問題視しない考えを示した。法務大臣としての職責を果たしたとは言い難かった。

世の中の様々な事象に関して発生する刑事事件の中には、外交上の判断が必要になる事件、検察官個人の犯罪にとどまらず、検察の組織自体の不祥事に発展した事件など、検察による「法と証拠に基づく判断」だけでは適切な対応が期待できないものもある。そのような「検察の権限行使の限界」に関して、行政権の行使の主体である内閣との唯一の接点として重要な役割を果たすべきなのが法務大臣だ。

畝本直美検事総長の袴田事件再審判決に対する「総長談話」が無罪の確定した袴田氏に対する名誉毀損《きそん》だと批判されている問題は、検事総長の対応に関して国に賠償を求める訴えを起こすという前代未聞の事態に発展し、プレサンスコーポレーション事件での大阪地検特捜部検察官の恫喝暴言による取調べの特別公務員暴行陵虐事件について大阪高裁で付審判開始決定が出されたこと、大阪地検北川健太郎元検事正の性的暴行事件など多くの極めて深刻な問題に直面している検察は、組織自体が危機的状況にある。

このような状況において、検察に対する一般的・個別的指揮権を有する法務大臣の職責は極めて重大だ。

第 八 章

兵庫県知事選をめぐる問題

“SNS選挙時代”における公選法の課題

公選法はSNS選挙に適応しているか

自民党が派閥政治資金パーティーをめぐる「裏金問題」で、国民の厳しい批判を受け、二〇二四年四月の衆議院三補選で全敗（うち二選挙区では公認候補者を立てられず）するなど、大きく支持を落とす状況で行われた七月の東京都知事選では、元安芸高田市長の石丸伸二氏が一六五万票を超える大量得票で二位となり、一一月の兵庫県知事選では、県議会で不信任決議案が全会一致で可決されて失職した斎藤元彦氏が再選、さらに、名古屋《なごや》市長選でも、四党相乗りの大塚耕平《おおつかこうへい》氏を破って減税日本の広沢一郎《ひろさわいちろう》氏が当選するなど、予想外の選挙結果となる事例が相次ぎ、その度にSNSが選挙に与える影響が注目された。選挙でのSNSの活用が公選法違反の刑事事件で捜査の対象となる事例も相次いでいる。

兵庫県知事選挙をめぐっては、私と上脇氏による斎藤知事らを被告発人とする買収罪についての告発状が、神戸地方検察庁と兵庫県警察本部に受理され、稲村和美《いなむらかずみ》候補に関して大量のデマ投稿が行われたことについての虚偽事項公表罪等の告発状（被疑者不詳）

が兵庫県警に受理されている。

一二月二日に提出した告発状で、斎藤知事らについて公選法違反（買収罪）の嫌疑の根拠としたのは、
（一）一一月二〇日に、PR会社の代表取締役社長が、インターネットのブログサイトnoteに行った投稿の内容によれば、PR会社の社長として、同社の社員ともに、斎藤氏の知事選挙においてSNS広報戦略を全面的に任せられてその運用を行ったものと認められること
（二）社長のnote記事投稿の信用性が、投稿前後に斎藤氏の選対の主要メンバーであった市議会議員らのX投稿によって裏付けられていること
（三）斎藤氏に代わって行われた代理人弁護士の会見での、PR会社に対する七一万五〇〇〇円の支払を認めた上での「PR会社にはポスター制作等を依頼しただけでSNS運用を任せておらず、PR会社社長は斎藤氏のPR会社訪問後、個人のボランティアとして選挙に関わっていたとする説明」が不合理であり信用できないこと
の三点であった。
これらにより、代理人弁護士が支払を認めた七一万五〇〇〇円は、PR会社へのSN

S運用という選挙運動の対価を含むものと判断したものだった。

　このような告発状を提出したことを、オンライン会見を行って公表し、告発状をネットで公表したところ、告発人の私の下に兵庫県民から様々な資料、情報が提供された。それらを逐次、捜査機関側に提供するなどしていた。

　それも早期告発受理の一因になったものと考えられるが、さらに、二〇二五年二月七日、神戸地検と兵庫県警がＰＲ会社の複数の関係先に対して家宅捜索を行ったことが報じられた。告発事実についての買収の嫌疑が、強制捜査の実施が相当と考えられるほどに高まっているということだと考えられる。

　昨年の一連の選挙を機に、公職選挙においてＳＮＳが大きな影響を与えることが認識され、その実態に即して公職選挙法のルールを改めるべく、法改正に向けての議論が始められている。

　公選法改正の議論を適切に進めていくためには、選挙で実際に何が起きていたのか、現行法の罰則ではどの範囲が処罰の対象になり、どのような行為が処罰の対象ではないのか、現行法と現状との間にどのように乖離《かいり》が生じているのかを把握することが重要となる。

ＳＮＳをめぐる公選法違反問題の他の選挙への波及

兵庫県知事選挙でのＳＮＳに関する公選法違反の告発が契機となって、他の選挙に関しても、同様の問題が表面化している。二〇二四年一〇月の衆議院議員選挙徳島二区で当選した自民党公認の山口俊一氏の陣営が選管に提出した選挙運動費用収支報告書で、ＳＮＳ運用委託費として業者に一五〇万円を支払っていたことが明らかになり、徳島新聞が、業者側の取材の結果から公選法違反の疑いがあることを報じた。業者側も、山口氏を応援するプラカードを支援者に持ってもらって、写真撮影してインスタグラムに投稿することを企画したり、インスタライブを提案して実行したりしたことを認めており、主体的・裁量的にＳＮＳを運用した疑いがある。

一方、山口氏の事務所では、撮影や編集を一任していたことは認める一方、「動画撮影と加工」「撮影写真のピックアップ（選択）と補正」といった業務を記した指示書を毎日、業者側に渡しており、編集された動画をチェックし、映っている人の顔を消したり、音楽を差し替えたりするよう指示をし、配信も山口事務所側が行っていたことから、裁量権は山口氏側にあったとして、公選法違反を否定している。

毎日、候補者側から業者に対して「指示書」が出されていた事実があり、それが単に、選挙運動への対価支払についての「言い訳」にしようとしただけのものか、実質的に陣営側の主体性・裁量性で行われていたといえるのかが公選法違反の成否に関するポイントとなる。

この件については、本稿執筆の最終段階の三月三日に、私と上脇氏とで、SNS業務委託と報酬支払の当事者等を徳島地方検察庁に公選法違反で告発した。

私も上脇氏も、この件で徳島新聞からの取材を受け、公選法違反の成否についてコメントを行っているが、その取材の過程で知り得た情報から、山口陣営から業者への「指示書」は、具体性を欠き、業者側の主体性・裁量性を否定するものと言えない可能性が高いと考えられる。

山口陣営において本件SNS運用委託を行った背景には、自民党本部から衆院選の各公認候補者に対してSNSを積極的に活用するよう指示があり、その際、公選法違反に問われることを防止するための対策として業者側に対して業務内容の指示を行うよう指導がなされていた事実もあるようだ。

これらからすると、SNS業務委託が公選法違反に該当する可能性は十分に認識されていたと考えられ、同衆院選における他の自民党候補者にも同種の問題がある可能性がである。これらの事情からすると、今後のＳＮＳに関する公選法改正の議論にとっても重要だと考え、山口陣営によるＳＮＳ業務委託の問題について告発を行うことにした。

また、二〇二五年二月に入り、週刊文春で、昨年の東京都知事選挙で小池百合子氏に次ぐ二位となり、ＳＮＳの活用が注目された石丸伸二氏に関して、投票日の二日前の決起集会のYouTubeチャンネルでライブ配信された映像の撮影と配信を担当した業者に対して、石丸氏側が九七万七三五〇円を「ライブ配信機材キャンセル料」の名目で支払っていたことが買収罪に該当する疑いが指摘された。

石丸氏側は、ライブ配信はキャンセルしたが、業者側がボランティアで行ったと説明している。しかし、一応契約はキャンセルしたとしても、実際に、映像の撮影と配信が行われたのであれば、キャンセル料の支払が、その対価ではないかが問題になる。「キャンセル料」の金額が、事前に合意されていて、ライブ配信を行っても行わなくても、契約上支払は免れないという場合でなければ、実質的にライブ配信の対価に該当し買収罪が成立する可能性がある（すでに、市民団体と上脇氏が、公選法違反で刑事告発を行っている）。

このように、選挙でのＳＮＳの活用をめぐって、様々な事例が問題となり、それが刑事事件として捜査処分の対象となって、事例が積み重なっていくことで、ＳＮＳ運用に関する公選法改正の議論が深まっていくことになる。

選挙運動への対価の支払に厳格な公選法

公選法は、選挙運動の自由、表現の自由の保障との関係から、選挙に関する発言や表現の内容自体に対しては基本的に寛大である一方、選挙運動に関する金銭、利益のやり取りに対しては、「選挙運動ボランティアの原則」から厳しい態度で臨んでいる。

本来、選挙運動は、候補者本人と、その候補者を支持・支援する選挙運動者によって行われるものである。選挙運動にとって不可欠なポスター、チラシの制作等が公費負担の対象とされ、選挙カーの運転、ポスターの掲示等の機械的労務や、車上運動員（ウグイス嬢、手話通訳者）に対する所定の金額の範囲内での報酬支払が認められているが、それ以外は、選挙運動はボランティアで行うのが原則である。

判例上、買収罪との関係において、「選挙運動」は、「当選を得しめるため投票を得若しくは得しめる目的を以て、直接または間接に必要かつ有利な周旋、勧誘若しくは誘導その他諸般の行為をなすこと」とされている。

その定義によれば、特定の候補者の当選を目的として主体的・裁量的に行う（自分の判断で主体性を持って行っている）行為はすべて「選挙運動」であり、それに対して報酬を支払えば、告示の前後を問わず、上記例外を除いて、すべて、買収罪が成立する。

選挙運動は立候補届出前に行ってはならないという「事前運動」の規制との関係では、立候補予定者等が選挙準備として行う行為は、それを行わなければ立候補すること自体が困難なので、主体的・裁量的に行う行為であっても、「事前運動」の規制の対象にはならないが、それに対して対価を支払えば買収となる（逐条解説公職選挙法改訂版〈中〉一二九条〈事前運動の禁止〉）。

このように、選挙運動に対する対価の支払に対しては、現行法は極めて厳格であり、現行法上は、選挙コンサルタントやPR会社などが、有償で「業務として選挙に関わること」は、その実態が明らかになれば、大半が違法ということにならざるを得ない。

このような状況を受けての公選法の運用や立法論に関して重要となるのが、SNSを含めた選挙戦略に関わる選挙コンサルタントやPR会社に対する報酬の支払の事態である。それらのうちどの範囲が選挙運動の対価に当たり買収罪が成立するのかが問題となる。

「業務として選挙に関わること」と公選法上の問題

投票の秘密が保障されて自由に投票できるのが選挙人の権利であるのと並んで、特定の候補者への支持を外形的に表現する選挙運動を行うことも国民の権利である。しかし、投票や選挙運動という権利は、誰からも利益を得ることなく行うことが大前提であり、それを有償で行うことは禁止されるというのが公選法上のルールであり、特定の候補者を当選させるための選挙運動を「業務として」行うことには、公選法上、大きな制約がある。

選挙コンサルタントというのは、「候補者に適した選挙キャンペーンのプランニング、アドバイス等を行うことで有権者の支持を拡大し、当選を果たすための、合理的な選挙戦略の策定をサポートする仕事」であり、それは、まさに「業務として選挙に関与し報酬を得る」という職業である。

それが、公職選挙に立候補しようとする者自身に対する助言・指導だけではなく、候補者の当選のため、選挙陣営内部に入り込んで、選挙全般にわたって、選挙参謀的に関わるようになると、選挙運動に限りなく近くなり、報酬の支払が買収罪に当たる可能性が生じる。ＰＲ会社が公職選挙における広報戦略を担う場合も同様だ。

選挙コンサルタントの活動に対する公選法違反の疑いが表面化したのが、二〇二二年二月の長崎県知事選挙であり、前述したとおり二四年一一月の兵庫県知事選挙ではＰＲ会社の選挙への関与が公選法違反の問題となった。

従前は、選挙コンサルタントは、「告示後は報酬を受け取れば公職選挙法違反になるので、告示前までは政治活動へのアドバイスに対する報酬」「告示後はすべてボランティア」という説明で通してきた。しかし、活動全体がボランティアというのであればともかく、候補者の当選をめざす一連の活動を、「告示前の選挙準備活動は有償」「告示後はボランティア」と切り離せるものではない。告示後の選挙期間中も選挙運動に直接関わることを前提に、告示前に報酬を支払ったのであれば、選挙運動者にその対価を供与したことになり、買収罪が成立する。

だからこそ、従前は、選挙コンサルタントの活動は、基本的に表に出ない形で候補者自身に対する直接の助言・指導が中心で、特に、告示後の選挙運動には直接関わらないのが鉄則だった。証拠が残らないようにすれば、「選挙運動には当たらない〝告示前の活動〟に対する報酬しか受け取っていない」と主張することができるからだ。それが、選挙を〝生業《なりわい》〟とする選挙コンサルタントの常識であり、身を守る術《すべ》でもあった。

ところが、二つの知事選挙では、選挙コンサルタントやPR会社社長などが、業務としてSNSを含む選挙戦略の策定・実行に関わって候補者を当選に導いたことを公言し、それによって、公選法違反疑惑が表面化することになった。

かつては選挙のやり方は、選挙広報、法定の範囲内でのポスター、チラシ、街頭演説、選挙カーによる連呼、地縁・血縁を使った投票依頼など、限られたものでしかなかった。そうした中で、金銭を提供して有権者に投票依頼する「投票買収」を摘発・処罰することが、選挙違反の取締りの中心だった。

インターネット選挙が解禁されて一〇年あまり、選挙で有権者の支持を得る手段が多様化し、その中でSNSなどの活用が特に重要な手段になるのに伴って、そのような業務を専業とする業者が活動する余地が広がり、そのためのノウハウ、スキルを持つ業者の付加価値も大きくなっていく。それに対して有形無形に支払われる対価が大きなものになっていくのは必然だ。そのような事態を放置すれば、専門業者に多額の報酬を支払えるかどうかで、選挙の勝敗が決することになり、公職選挙の目的を阻害することになりかねない。「業として選挙に関わること」を野放しにすることができない理由はそこにある。

二〇二二年長崎県知事選挙をめぐる「四〇二万円電話代事件」

二二年二月の長崎県知事選挙では、四選をめざす現職知事に、告示のわずか二ヵ月前に出馬表明した医師の大石賢吾氏が挑み、現職有利の事前予測を覆して、大石氏が五四一票の僅差《きんさ》で現職知事を破って当選した。その大逆転勝利に貢献したのが、選挙コンサルタント会社J社の代表者のO氏だった。

O氏は、大石陣営の選挙で、大石氏の街頭演説に同行するなどしている写真もネット上に掲載されていたが、選挙後、ネット番組に出演し、長崎県知事選挙で、証紙貼付のポスター、チラシ、ハガキの作成、インターネットによる選挙活動の企画、SNS選挙の専任者手配など、大石氏の選挙運動全般を統括していたかのように話すなど、選挙期間中も大石候補の選挙運動に選挙参謀的に関わっていたことを公然と認めていた。

一方、大石氏側が長崎県選挙管理委員会に提出した選挙運動費用収支報告書の「支出の部」には、「科目　通信費」「区分　選挙運動」「支出の目的　電話料金」として、二月二八日の選挙コンサルタント会社への約四〇二万円の支出が記載されていた。

上脇氏が、この選挙運動費用収支報告書の記載について、選挙管理委員会に情報公開請求を行って開示を受けたところ、領収書には、「長崎県知事選挙通信費(電話料金、SMS送信費ほか)」と記載されていた(SMSとは、携帯電話に標準装備されている「ショートメッセージサービス」のことであり、メッセージを送る側に発生する一送信ごとの文字数に応じた料金が携帯電話会社ごとに設定される)。

大石氏は、この支出について県議会で質問を受け、「オートコール代などとして支払った」と答えていた。最近、選挙運動として使用されているのが、「有権者への投票、個人演説会参加の呼びかけ」を多数の有権者に電話で機械的に送信する「オートコール」と言われる方法だ。このような場合の電話代や、電話送信業務を機械的に行うことを受託した電話事業者への支払も、「機械的労務の対価」として、公選法上「費用」の支払が認められる。

しかし、領収書の記載「通信費(電話料金、SMS送信費ほか)」からすると、少なくとも、この支払が、単一のオートコール業者等への支払を代行したものではないことは明らかだった。J社が、電話会社やオートコールを受託した会社への支払を代行したというのであれば、公選法の収支報告書の「通信費」の記載としては、個々の通信・通話料金の電話会社等に対する費用の支払を記載し、その領収書を添付すべきだ。その全額について、「通信費」としての支払が行われ、J社は無償で支払を代行しただけということとも考えにくい。通信費を超える部分、すなわち、選挙コンサルタント会社側への報酬が含まれていることが疑われた。

Ｊ社の商業登記を確認したところ、「電話業務」も「オートコール業務」も事業内容に含まれていない。しかも、上記のとおり、Ｏ氏が、大石氏の選挙運動に深く関わり、当選に貢献していることは明白だった。これらから、大石氏側から選挙コンサルタント会社Ｊ社への上記四〇二万円余の支払については、公選法違反の買収罪の嫌疑があると考えられた。

そこで、私と上脇氏の二人は、二二年六月、公選法違反（買収罪）で、大石氏側の出納責任者（供与）と選挙コンサルタント会社Ｊ社の代表者（受供与）Ｏ氏を被告発人とする告発状を長崎地方検察庁に提出した。その告発を同年一〇月に受理した長崎地検と、同じ事件について市民団体からの告発を受けた長崎県警による捜査が行われていた。「約四〇二万円の電話代」の使途を確認した結果、問題がなければ、告発は「不受理」になるか、早期に不起訴になるはずだが、二三年末になっても捜査が継続していた。その状況から、「約四〇二万円の電話代」の支払には、選挙コンサルタントのＯ氏への報酬の疑いのある支出が含まれている可能性が極めて高いと判断し、そこに、候補者の大石氏も関与している可能性も十分にあると判断した私と上脇氏は、大石知事を被告発人とする追加告発状を提出した。

「二〇〇〇万円問題」と「二八六万円問題」

この告発が、「二〇〇〇万円問題」と「二八六万円問題」という大石氏とO氏をめぐる新たな問題に発展した。

二〇二二年二月に大石氏が僅差で現職知事を破って当選した後も、その当選に貢献した選挙コンサルタントのO氏は、大石氏の事務所や、県の知事部局と深い関係を持ち、選挙資金収支の事後処理や政治資金の処理に関わっていた。

二四年一月に「四〇二万円の電話代」問題で、自身が公選法違反で刑事告発された大石氏は、それまで選挙コンサルタントO氏が選挙資金、政治資金処理に関わっていたことが不安になったのか、「政治資金の監査人」と称するK氏に、資料に基づいて、問題がないか監査を行うことを依頼した。

K氏が把握した問題の一つが、「二〇〇〇万円問題」だった。大石氏は、知事選挙の際に、長崎県医師会信用組合から二〇〇〇万円を借り入れ、選挙の収支の「財布」としていた「大石けんご後援会」（以下、「後援会」）に入金し選挙運動費用に充てていた。選挙運動費用収支報告書上は「自己資金二〇〇〇万円」と記載し、それが唯一の収入の記載だったが、大石氏は、選挙後その借入金の返済のために、二〇〇〇万円を取り戻そうとし、後援会に対して「二〇〇〇万円の貸付金」があったかのような契約書が知事選前の時期に日付を遡らせて作成され、二二年の後援会の政治資金収支報告書に「貸付金」として記載されていた。

もう一つが、県内の医療法人が知事選挙での大石候補の支援のために行った寄附二八六万円が、大石陣営の選対本部長を務めた自民党県議の政党支部を経由して後援会の口座に入金され、選挙資金に充てられていた「二八六万円問題」だった。

これらの問題の違法性を指摘したK氏と大石氏との間でトラブルが生じ、大石氏はK氏を解任した。K氏がこれらの問題を公表したことにより、「二〇〇〇万円問題」と「二八六万円問題」が、大石知事をめぐる新たな問題として表面化することになった。

二四年八月、私と上脇氏とで、「二〇〇〇万円問題」については、後援会の政治資金収支報告書虚偽記入の政治資金規正法違反、「二八六万円問題」については、医療法人からの「知事選挙での大石候補支援のための寄附」が大石氏の選挙運動費用収支報告書に記載されていなかった公選法違反（選挙運動費用収支報告書虚偽記入）に当たるとして、長崎地検に告発した（「二八六万円問題」については、二〇二五年三月に公訴時効が完成することから同年一月に不起訴となったが、「二〇〇〇万円問題」については、捜査継続中)。

この追加告発の二件は長崎県議会でも取り上げられ、大石知事や参考人の質疑等による疑惑の解明が行われている。一〇月三〇日の同県議会総務委員会では、私が参考人として出席し、告発に至った経過や嫌疑の根拠等について質疑に応じた。

大石知事は、「二〇〇〇万円問題」については、信用組合から二〇〇〇万円を借り入れて選挙資金として後援会に入金したが、O氏から、「『後援会への貸付金』だったとして契約書を作成し、後援会の収支報告書に記載すれば、二〇〇〇万円を適法に回収することができる」との助言を受けたことから、「適法」だと信じてそのような行為を行ったと説明した。「二八六万円問題」もすべてO氏の助言にしたがって処理したと説明した。

O氏は県議会の参考人として招致を受けたが、出席を拒否し続けている。

大石知事は「O氏の言葉を信じた」との説明を繰り返し、一方のO氏は全く県議会に協力しないことで、大石知事に対する県議会の不信が高まり、地元のマスコミからも厳しい批判が行われている。

「四〇二万円の電話代」告発が不起訴に終わった理由

当初の「四〇二万円の電話代」の公選法違反の告発では、O氏と出納責任者についてては警察、大石知事の関係は検察という役割分担で捜査が行われていたが、二四年一〇月八日付けで不起訴となった。

警察・検察を取材したマスコミ等からの情報によると、我々が告発の時点で想定したとおり、四〇二万円の支払の中には約一〇〇万円の使途不明金が含まれており、O氏側への報酬分だったことが強く疑われた。しかし、O氏は取調べに対して完全黙秘、約四〇二万円の支払について大石陣営側で誰が意思決定したかが不明のままに終わり、買収者が特定できなかったため不起訴とせざるを得なかったとのことだった。

この選挙での大石氏側の資金収支の管理は極めてずさんで、誰が決定したかもわからないような支払が行われていたようだ。そういう状況では、O氏が報酬分を自ら手にしていても、誰から供与されたのかわからないということで買収罪での起訴は困難になる。

「四〇二万円の電話代」についての不起訴処分後、K氏は、大石氏の選対幹部から入手したとして、選挙コンサルタントJ社作成の「告示後 J社作成大石賢吾長崎県知事選概算見積」の一覧表を公表した。その中に五〇〇万円のJ社へのコンサルタント料、八八万円のSNS専任者への支払の項目が含まれていた。これらが実際にO氏に支払われているとすると、上記のとおり選挙運動に「選挙参謀」的に関わっていたことを自ら公言しているのであるから、選挙運動の報酬の支払となり、公選法違反（買収）の嫌疑が生じる。

しかし、大石氏は、選挙資金の拠出のための借入金の返済にも窮する状況だったことに加え、選挙の直後から、対立候補の支持者や市民団体等から大石陣営の公選法違反の指摘や告発が相次いでいたため、選挙コンサルタントへの支払ができる状況ではなかった。それが、O氏への報酬の支払を先延ばしせざるを得なかった原因だと考えられる。O氏が、大石氏の事務所や知事部局に深く関わっていたのも、未払となったコンサルタント料の代わりに、大石氏の当選に貢献したことへの「実質的な対価」を得ることが目的だった可能性がある。

「大石知事問題」と「斎藤知事問題」

二〇二二年の長崎県知事選挙での大石知事と選挙コンサルタントO氏をめぐる公選法違反の問題（以下、「大石知事問題」）と二四年の兵庫県斎藤知事をめぐる公選法違反の問題（以下、斎藤知事問題」）は、いずれも業務として選挙に関わったことで、その報酬支払について公選法違反の買収の嫌疑が生じた問題である。

いずれも、選挙前の予想は、大石氏、斎藤氏ともに、当選の可能性は低いとみられていたが、終盤に来て大逆転で当選する結果となった。その「選挙に関わる業務」の成果を、大石知事問題では選挙コンサルタントのO氏がネット番組での対談で、斎藤知事問題では、PR会社社長がnote記事投稿で、詳細に明らかにして世の中にアピールした。

それによって、選挙運動を業務として行っていたことが表沙汰《おもてざた》になり、報酬が支払われていれば買収罪が成立するという問題が指摘されることになった。

大石知事問題では選挙コンサルタントが選挙運動全体に「選挙参謀」的に関わり、大石氏に僅差の逆転勝利をもたらした。しかし、逆転勝利に貢献したのに、選挙後の状況から、当初請求予定であった報酬も請求できない状況となり、その後、長期にわたって選挙コンサルタントが知事と関係を継続し、その中で政治資金規正法違反、公選法違反等の新たな問題が生じた。

一方の斎藤知事問題では、二四年九月二九日にPR会社を訪問し、選挙に向けての提案を受けるなど直接関与している斎藤氏が、報酬支払の意思決定に関与している可能性もある。

問題になるのは、選挙告示直後の一一月四日、斎藤氏側がPR会社に支払った七一万五〇〇〇円が「選挙運動の報酬」か否かである。

その支払について、斎藤氏側は、代理人弁護士の会見で、「同社から見積書の送付を受けた上、その中のポスター、チラシ、選挙広報のためのデザイン等の五項目について発注し、請求書の送付を受けて、本件支払を行った」とし、「選挙告示日までの間に、斎藤氏がPR会社に依頼した業務は、『選挙運動ではなく選挙準備のための政治活動』に該当する五項目のみであり、その対価の支払について買収罪には該当しない、五項目以外で、PR会社社長が行った行為は、すべて、個人のボランティア」という主張をしている。

しかし、そもそも、PR会社社長のnote記事投稿で買収疑惑が表面化した時点での斎藤氏自身の説明は、「選挙運動に対する対価の支払」を否定する説明になっていない。

斎藤氏は、当初から、「PR会社には法律で認められているポスター制作などの費用として七〇万円ほどを支払った」と説明していたが、そもそも「ポスターの制作費」という名目での支払だったということだけでは、その支払が買収に当たらない説明にならない。

候補者側がポスター、チラシ等のデザインの報酬の名目で対価を支払った場合であっても、依頼されて行った行為が、機械的労務ではなく、「当選を得させることを目的とする主体的・裁量的なもの」であれば選挙運動に該当し、その対価の支払は買収罪に該当する。前述したように、告発後、多くの兵庫県民から告発人の下に提供されられた情報・資料により、ＰＲ会社社長のnote記事投稿の信用性が一層強く裏付けられており、斎藤氏の代理人弁護士による買収を否定する説明が信用できないことが明らかとなっている。

兵庫県知事選挙での斎藤氏とＰＲ会社社長の関係については、斎藤氏がＰＲ会社を訪問した九月二九日以降、同社の社長が個人のボランティアとして選挙に関わっていたことは斎藤氏側も認めており、「選挙運動者や労務者というのは一種の人的属性であるから、選挙運動者が選挙運動と併せて選挙カーの運転等の労務者のなし得る行為をした場合に労務者となり、報酬の支給ができるものと解することはできない」とする判例の趣旨からも、同社にポスター、チラシのデザインの対価として支払われた七一万五〇〇〇円について買収罪が成立することは否定できないように思われる。

しかも、一般的には、業者が行うポスター、チラシ等のデザインは、機械的労務であり、特定候補者の当選のための主体的裁量的行為ではないが、社長及びＰＲ会社は、メイン・ビジュアルを起点とし、有権者向け訴求力を高めるための「公約スライド」作成とも相俟《あいま》って、斎藤氏の選挙に向けてのデザイン戦略を担っていたのであるから、そのようなデザイン自体が、主体性・裁量性をもって行われた選挙運動と解される可能性が高い。

これまでも、選挙コンサルタントなどによる「業務としての選挙への関与」が、公選法上の問題になることはあったが、関与の実態が表面化することは少なかった。斎藤知事問題では、PR会社社長がnote記事投稿で選挙運動に主体的・裁量的に関わっていることを自ら公言し、斎藤氏側がPR会社社長側への報酬支払の事実を明らかにしたことなどにより、「業務としての選挙への関与」と報酬の支払の実態が相当程度明らかになった。

このところSNSの選挙に対する影響力は急激に高まっており、公職選挙でインターネットを活用した選挙戦略が有償の業務として行われることを放置すれば、今後の公職選挙において、その付加価値が高まり、そのノウハウ・スキルを持つ業者に対する報酬が高額化し、ネット金権選挙による腐敗を招く危険性も否定できない。二〇一三年にインターネット選挙が解禁されてから一〇年あまりが経過し、現行の公職選挙法のルールが、多くの面において選挙運動におけるSNS運用などのネット選挙戦略の実態に適合しなくなっていることも事実であり、今後、抜本的な見直しが必要になっている。

ＳＮＳ選挙の問題と規制

今回の斎藤知事問題に関連して公選法改正の論点になると考えられるのが、「ＳＮＳ上のデマ投稿の拡散」と「業務として行われるＳＮＳ運用に対する報酬の支払」である。

まず、二〇一三年のネット選挙解禁の公選法改正において、ＳＮＳがどのように位置づけられていたのかを確認しておきたい。

同改正では、「ウェブサイト等」における誹謗中傷等について一義的にはプロバイダ責任制限法に基づくプロバイダの対応に委《ゆだ》ね、他方で密室性が高いので誹謗中傷やなりすましに悪用されやすい電子メールについては第三者による送信を禁止し、誹謗中傷等の発生を防止することにした。改正の議論の時点ではまだ現在ほど影響力が大きくはなかったＳＮＳは、「ウェブサイト等」に含まれるものとし、規制の強い電子メールには含まれない、という整理でスタートした。しかし、電子メール同様に多数人に情報の送信も可能で、誹謗中傷やなりすましのリスクが高いＳＮＳは、改正後すぐにコミュニケーションツールの主役となり、電子メールだけ規制を強くした意味はなくなり、現状のようなＳＮＳによるデマ拡散等の弊害が生じている。

このようなSNS上のデマ投稿に対して、現行法では、公選法一四二条の五で、ウェブサイト及びメールによる「当選を得させないための活動」、つまり「落選運動」について、責任ある情報発信を促す趣旨でメールアドレス等の表示が義務づけられ、一部の違反には罰則も定められている。ところが、「当選を得させる目的によるSNSを使用した選挙運動」には同義務について罰則が全くないし、SNSは投稿時点で自動的に投稿者が表示され、返信も可能となるので、投稿者は何もせずに表示義務を果たすことになると解されており、表示義務の規定は形骸《けいがい》化している。

もっとも、現行法上の特例として、選挙運動の期間中に頒布された「特定文書図画」が上記表示義務に違反している場合に、自己の名誉を侵害された候補者等の申し出を受けてプロバイダ等が当該情報を削除しても民事上の賠償責任は負わないとされていることや、ネット掲示板やSNSにより自己の名誉を侵害された候補者・政党等からプロバイダ等に情報削除の申し出があった場合、情報発信者に削除同意照会をし、二日リアクションがなければ削除が可能となるなど、選挙における表示義務を果たさない掲示板の書き込みや、表示義務は果たしているが候補者の名誉を毀損《きそん》するSNSの投稿は、通常よりは削除が容易にできるようになっている（プロバイダ責任制限法四条）。

しかし、この特例により削除の申し出ができるのは候補者・政党等に限られ、期間も選挙運動の期間中に限られる。選挙の最中の大事な時期に表示義務違反がないかを漏れなくチェックしたり、名誉毀損の投稿者に連絡して二日間待つ、といったことはなかなかできることではなく、しかも、削除の申し出先は、現在は、立法当時想定していた国内の大手プロバイダが中心ではなく、SNSの運営会社や、ネット掲示板運営会社であり、これらは海外事業者も多く、通信の秘密などを盾にすぐには応じない事業者も多いものと思われる。

諸外国でも、選挙におけるSNSの規制は問題になっており、欧州各国では、インターネットにおける虚偽情報・情報操作への対策として、虚偽情報やヘイトスピーチなどの削除、ネット配信停止や放送停止が可能な仕組みを導入する動きもあるようだが、そこには表現の自由との兼ね合いがあり、東南アジアなどでは、「虚偽」の恣意《しい》的な解釈などにより野党排除に悪用されている事例も少なくない。一方で、イギリス・アメリカは表現の自由を尊重し、基本的に対策はとられていないようである。

SNS上での虚偽情報・デマ投稿への対策

上記のとおり、SNS上での虚偽情報・デマの拡散に対して、現行法によるメールアドレス表示義務と投稿削除要請では有効な対策を行うことは容易ではないと考えられる。では、デマ投稿を罰則の適用の方向で抑止することはできないか。

公選法は特定の候補者を当選させる目的で虚偽事項を公表する行為を処罰の対象にしているが、対象となる「虚偽」事項が限定されているため、SNSにデマを投稿する行為自体を公選法の虚偽事項公表罪によって処罰することは容易ではない。

兵庫県知事選挙でも、名古屋市長選挙でも、対立候補の政策に関するデマの拡散が問題となった。

そのようなデマを禁止しようと思えば、虚偽事項に「政策」を含めることも考えられる。この場合、政策というのが、いつどの時点で候補者が掲げたものを候補者の政策とするのかを明確にする必要がある。

前述したとおり、デマ投稿そのものを速やかに削除することは容易ではなく、立法上の措置にも限界がある。そこで、検討する必要があるのが、デマ投稿の「拡散」を防止ないし抑制する方向での対策である。

SNSのデマ投稿の問題は、それが選挙期間中に大量に拡散され、多くの有権者の目に触れることにある。その大量拡散の原動力になっていると言われるのが、SNSを運営するプラットフォーム事業者の動画投稿等による収益の支払だ。YouTube動画やその切り取り動画が拡散されて多く視聴されればされる程、広告料収入が増えるので、収益獲得を目的として、内容の真偽を問わず有権者の目を引く刺激的な投稿が拡散されやすい。

そもそも、公職選挙は民主主義の基盤であり、選挙権・被選挙権を有する国民が無償で権利を行使する場である。選挙に関わることで利益を得ようとすること自体が、公選法の目的に反するものである。選挙に関する発言・演説の動画配信や拡散によって利益を得ようとする行為に対しては何らかの規制を考えていく必要がある。

「業務としてSNS選挙に関わること」への対策

次に、選挙運動ボランティアの原則、すなわち報酬支払の禁止と、SNS選挙との関係である。

もとより、選挙コンサルタントなどが、高額の報酬を得て、「当選請負人」のような業務を行うことが公選法の目的に照らし許されないのは当然だが、一方で、SNS運用が選挙で不可欠のツールになりつつある現実の下で、業務としてのサポートを厳格に禁止すれば、候補者自身あるいは陣営のSNS活用のノウハウ・スキルの程度で選挙の当落が決まることにもなりかねず、それも公職選挙の在り方として望ましいとは言い難い。

これまで公職選挙法上、選挙運動に対する報酬支払が、車上運動員に対してしか認められていなかったこと、ポスター、チラシ制作等が公費で賄われていたことなど、現行の公選法の枠組みを、ＳＮＳ運用が重要な手段となったネット選挙に適合するように見直していく必要があるのではなかろうか。

第一に、ポスター掲示板に紙の選挙ポスターを貼るというのは、まさに「紙の時代」の選挙の遺物とも言える手法である。しかも、選挙区が広く、有権者が多ければ多いほど、貼付のために膨大な労力を要し、そこに多額の機械的労務費も発生する。それが、選挙に金がかかる大きな要因になっていた。さらに、最近では、表現の自由を逆手にとって、ポスター掲示板に、公序良俗に反するような画像のポスターを掲示するという問題も発生している。それを、可能な限りネットによる方法に改めていくことで、金のかからない選挙にしていくことを考えるべきではなかろうか。

具体的には、公費によるネット上での立候補者の紹介及び情報提供のための場を大幅に拡充し、動画なども含めて提供できるようにする。ポスターの掲示板も、デジタルサイネージによる電子掲示板の街頭への設置に変更することを検討すべきである。それによって、ポスター制作についての公費負担を削減することもできる。

このようにして選挙に関する開示情報のネット公開が中心になれば、各候補者は、そのような基本情報に関連づけてSNS等による広報戦略を立案し、実行していくことになるが、それに関して候補者間の公平が図れるよう、具体的なルールを定める必要がある。

そして、ルールに従ったSNS運用を行っていくことについて、一定の範囲で「業務として選挙に関わること」に公的な位置づけを与え、候補者間の公平を図りつつ活用していくことが考えられる。

「公職選挙SNS運用管理者」などと称する制度を導入し、SNSを含む選挙戦略の企画立案・運用の方法や公選法の規定、ルール等について数日間の研修を義務づけ、それらを十分に理解していることが確認できた者にその資格を付与する。そして、候補者には、立候補の届出に当たって、同管理者の選任を義務づける。この管理者には、候補者側が主体的に行うSNS運用全体を把握し、それがルールに則《のっと》ったものであるかをチェックするとともに、候補者の周辺でのルール違反行為を認知した場合の当局への通報を義務づける。そのように適正なネット選挙実現のための公的役割を担うだけに、車上運動員より高額の報酬の支払を認め、その一部を、公費負担の対象とする。その費用は、ポスター掲示板をデジタルサイネージに変更し、印刷代の公費負担を廃止することによる節減を行えば十分に賄えるのではなかろうか。

終　章

刑事司法の崩壊を止めるために

検察捜査の改革と国民の法意識

「悪党退治」という発想

政治資金パーティー裏金問題の本質は、自民党派閥がパーティー券売上の一部を所属議員に収支報告書への記載が不要な金として還流させる、というやり方が長年にわたって続いていたという不透明な構造にあった。

それに対して国民の怒りが爆発、自民党は衆議院選挙で大惨敗し少数与党に転落することになった。その大きな原因は、繰り返し述べたように、「政治資金規正法の大穴」を無視し、政治家個人に対する所得税の課税という問題を軽視した検察の捜査・処分の誤りにあった。

「二〇万円超のパーティー券購入者の不記載」という形式的違反についての告発事件の捜査の過程で、派閥から所属議員への大規模な裏金の還流が長年にわたって続いていたことを把握し、そのような事案を政治資金規正法違反事件として捜査の対象としていくことになった検察が二〇二三年の夏から秋の時点で行わなければならなかったのは、まず、法務省刑事局と十分に協議し、その法の性格、趣旨・目的について正確に理解し、罰則適用上の問題点について検討を行うことだった。

そして、初動捜査の中で、事案の全体像を把握し、派閥の幹部、所属国会議員等の関係者の刑事責任の有無・程度に応じた処分の見通しを判断した上、政権政党に関わる構造的な問題が表面化することによって予想される世の中の反応、課税措置等の関連する問題への対応も検討した上で、捜査の方向性と具体的戦略を構築していくことが必要だった。それは、趣旨・目的に沿って法律を正しく適用する「法執行機関」としての検察の役割が強く求められる局面だった。

しかし、各派閥の事務担当者が軒並み聴取されていることに対して自民党関係者の警戒感が高まる中、特捜幹部（ここには、特捜部長等の特捜部内だけでなく、特捜部の事件についての意思決定に関わる特捜系検察幹部も含まれる）が行ったことは、信頼関係のある司法担当記者との政界捜査に向けての情報交換だった。

「自民党派閥から所属議員に巨額の裏金」と大々的に報道されることが政治に甚大な影響を与えることは必至だった。その中で、閣僚クラスの国会議員に多額の裏金が渡っていることが具体的に報道されていけば、自民党政権が大打撃を受けるのは必至だ。そのような「裏金問題報道」が開始されたのが、一二月一日の朝日新聞のスクープだった。

政界に激震が走った。同月三日放映の「激論クロスファイア」で田﨑史郎氏が「令和のリクルート事件」になりかねない、と言っていたのは、まさに、その政界への衝撃の大きさを受けてのものだった。

そこには、個別の政治家をターゲットに「悪党退治」するという、従来型の政界捜査と同様の発想しかなかった。それは、検察が法執行機関として果たすべき役割とは真逆の方向だった。

個別の寄附について収支報告書の不記載・虚偽記入罪の刑事責任を問うためには、その寄附がどの政治団体に帰属するのか、どの収支報告書に記載すべきかを特定することが必要だ。派閥からのパーティー券売上の還流金は、収支報告書に記載しない前提で派閥から所属議員側に渡されたものであり、資金管理団体、政党支部、その他の関連団体など、国会議員には複数ある「政治資金の財布」のどれに帰属するのかが特定できない。「収支報告書に記載しない金である以上、資金管理団体、政党支部などに宛てた政治資金ではない」ということを大前提に、収支報告書の作成提出義務がない「政治家個人宛の寄附」だったという方向で捜査を行っていくべきだった。その場合、還流金が議員の政治家個人に帰属するとして所得税の課税を行うことも可能だった。

ところが、特捜部は、還流金の寄附は、資金管理団体や政党支部宛であったとの前提で捜査を行い、その方向で、政治資金収支報告書の訂正を行わせた。還流金が多額だった池田佳隆衆議院議員（当時）、大野泰正参議院議員を収支報告書虚偽記入罪で起訴、谷川弥一氏を「取引的決着」で略式起訴したが、他の議員は刑事立件すら行わないまま捜査処分は終わった。

還流金は、すべて政治団体に帰属するものだったことになり、それを個人的用途に流用した事実がない限り所得税は課税されないことになった。

裏金事件での捜査処分の方向を誤り、国民に裏金問題に対する強烈な不満反発を生じさせ、日本政治に甚大な影響を与えたこと、それ自体が、重大な検察不祥事と言うべきであるが、そのことは、ほとんどの国民が知らない。

「日本最強の捜査機関」と言われてきた、捜査のプロ中のプロの集団であるはずの東京地検特捜部が、なぜ、「政治資金規正法のど真ん中の大穴」に気づかないで捜査に着手したのか、不思議に思われる人も多いと思う。

自民党派閥政治資金パーティー裏金事件が表面化し、東京地検特捜部の捜査が本格化して大きな話題になっていた二〇二三年一二月中旬、リハックというネット番組に、「ひろゆき」こと西村博之《にしむらひろゆき》氏と社会学者で東京工業大学准教授（当時）の西田亮介《にしだりょうすけ》氏と出演した（「【ひろゆきVS検察】正義とは何か？　世論で逮捕、有罪なワケ【悲しいトカゲの尻尾切り】」）。

その番組の中で、裏金問題には、「政治資金規正法の大穴」の問題があり、政治家の処罰は極めて困難であること、特捜部の捜査は、その大穴を無視して行われている無理筋捜査であることなどを詳しく説明した。それを聞いたひろゆき氏が、「特捜部の検事って、そんなにバカなんですか？」と言った（公開されたネット動画では、この話の部分はカットされている）。

それは、「政治資金規正法の大穴」の問題を詳しく知り、特捜部がそれを無視した誤った捜査処分を行ったことを知れば、誰しもが抱く率直な感想であろう。

しかし、法曹資格を有する法律事務家である検察官は、刑法犯や日常的に刑事事件として扱う一般的な犯罪については、刑罰規定を解釈適用して捜査処分を行う知識経験を有しているが、あらゆる法律について精通しているわけではない。政治資金規正法、公職選挙法などは特殊な法律であり、法律家としての一般的知識だけで適切な罰則適用ができるわけではない。そこには、法律の基本概念や解釈についての理解が必要であり、そのような法律を実際に適用して行った捜査の経験が重要となる。

実際に、政治資金規正法の罰則を適用しようとして強制捜査を行った東京地検特捜部の事件で、捜査着手に当たって政治資金規正法という法律を基本的に理解していなかったのではないかと思える事例も決して少なくない。その事例の一つが小沢一郎氏の政治団体・陸山会をめぐる政治資金規正法違反事件だ。

西松建設事件での特捜部の暴走

二〇〇九年三月、西松建設からの違法寄附の政治資金規正法違反事件で、当時、民主党代表であった小沢一郎氏の公設第一秘書が逮捕された。

逮捕容疑は、政治資金規正法違反。小沢氏の資金管理団体である陸山会が「西松建設から受けた政治資金の寄附」を同社OBが代表を務める政治団体からの寄附であるように政治資金収支報告書に記載したことが虚偽記入に当たるというものだった。

政治資金収支報告書には「寄附をした者」を記載することとされており、陸山会の収支報告書には西松建設のOBが設立した二つの政治団体が寄附者として記載されている。その記載が虚偽だというのが逮捕容疑だった。

しかし、政治資金規正法上、寄附の資金を誰が拠出したのかを報告書に記載する義務はない。収支報告書に「寄附をした者」、つまり寄附の外形的行為（実際に金銭を渡す行為）を行った者を記載するよう求めているだけで、寄附の資金を実際に誰が拠出したのかについては記載する義務はないというのが一般的な解釈だ。

小沢氏の秘書が、寄附の資金は西松建設が拠出したものだと知っていたとしても、それは違反にはならない。違反になるとすれば、寄附名義の政治団体には全く実体がなく寄附行為者になり得ない場合、しかも、それを秘書が認識していた場合だ。しかし、事務所を賃借し、常勤の役員もいると言われるこの団体が政治団体としての実体がないとは言い難い。小沢氏の資金管理団体の収支報告書について、虚偽記入罪が成立するのか否かに重大な疑問があった。

この事件は、遅くとも半年余り先には衆議院議員総選挙が確実に行われる時期に、世論調査の次期総理候補の人気で当時の麻生太郎《あそうたろう》首相を圧倒的にリードしていた民主党小沢一郎代表の公設第一秘書を逮捕したものだった。逮捕時点での虚偽記入の金額も二一〇〇万円とそれまでの政治資金規正法違反と比較するとあまりにも少額であり、それに加え、寄附名義の政治団体の実態がないことを立証しなければ有罪判決が得られないという、特捜部にとってはまさに綱渡り的な事件だった。

特捜部は捜査着手にあたって、先にも述べた、政治資金規正法では収支報告書に「寄附を実際に行った者」を記載するよう求めているだけで、寄附の資金を誰が拠出したかについては記載する義務はないという法解釈について十分に理解しておらず、「本件では資金の拠出者が実際の寄附者であり、それを偽ったことが法律違反に当たる」との認識で、強制捜査に着手した可能性は否定できない。

それ以上に、特捜部側に政治資金規正法の規定についての誤った認識があったことが疑われるのが、陸山会の代表者の小沢氏に対する、政治資金規正法が規定する政治団体代表者の「選任監督義務違反」の適用の可能性だ。

三月八日の産経新聞の記事は、政治団体陸山会の代表者の小沢氏の「監督責任」に関して、「捜査関係者」の話を引用し「特捜部は監督責任についても調べを進めるもようで起訴されれば衆院議員を失職する可能性も」と具体的に報じた。特捜部が摘発した故土屋義彦《つちや よしひこ》埼玉県知事の資金管理団体の政治資金規正法違反事件では、特捜部が土屋氏から事情聴取したところ監督責任を認め知事を辞職した土屋氏を、「反省の情がみられる」として起訴猶予にしたことも書かれていた。

しかし、政治資金規正法は「政治団体の代表者が当該政治団体の会計責任者の選任及び監督について相当の注意を怠ったとき」に代表者を罰金刑に処するとしている（二五条二項）。代表者の責任が問えるのは「選任」と「監督」の両方に過失があった（ダミーのような、本当に名前だけの会計責任者を選任したような）場合でなければ適用できない。それを、ことさらに「監督責任」だけを強調し、土屋氏の場合と同様に小沢氏を議員失職に追い込めるように報じたこの記事は、明らかに政治資金規正法の規定について誤った認識を前提にしていた。

この記事は司法クラブの担当記者が取材した検察内部の「捜査関係者」の話に基づくものと考えられる。その「捜査関係者」は、記事に書かれているような、故土屋知事の資金管理団体の政治資金規正法違反の捜査で、「政治団体代表者に監督責任を認めさせ、知事を辞職させて起訴猶予にする」という手法を用い、それと同様に民主党代表の小沢氏を辞任に追い込むことを目論《もくろ》んでいたことが疑われる。

そのような政治資金規正法の代表者の「選任及び監督上の過失」についての誤った理解がこの事件での無理筋の強制捜査をあえて行った原因だったとすると、政権交代の可能性が高いと言われていた時期に、野党第一党の党首の小沢氏を直撃し、代表辞任に追い込むことになった西松建設事件での強制捜査の判断は、特捜部側の政治資金規正法についての不正確な理解に基づく、あまりに粗雑な見通しによるものだったことになる。

政治資金規正法についての理解と検討が不十分なまま捜査に着手すること、それによって捜査の方向性を誤ることは、特捜部にとっても、決してあり得ないことではないのである。

私自身、検察官時代の政治資金規正法違反事件の捜査の経験の中で、会計責任者の違反は立証できても、政治団体の代表者の政治家との共謀が立証できず立件を断念したことは何回もあった。会計責任者の「選任」及び「監督」の両方についての過失がなければ処罰できないとされ、「監督」についての過失だけでは処罰できないことが政治家本人への罰則適用のハードルになっているのは十分に認識していた。

そういった事情と問題意識については、西松建設事件が話題になっていた当時、テレビ朝日「サンデープロジェクト」に多数回出演したほか、メディアを通じて世の中に発信も行っていた。

公訴権を独占し、訴追裁量権も有する検察には、法の趣旨目的に沿って正しく法を適用すべき法執行機関としての重要な役割がある。政治資金規正法、公職選挙法などの政治関連の法律、独占禁止法、金融商品取引法などの経済関連法の分野で、その役割を担うのが検察だ。

しかし、日本最強の捜査機関と言われる東京地検特捜部は、政治家、企業人など「悪党退治」を期待されてきた捜査において、「人に犯罪の疑いを向け、一度狙いを定めたら是が非でも有罪にしようとする捜査の姿勢」という意味の「岡っ引き根性」が前面に出ることが少なくない。「巨悪は眠らせない」という言葉は、その究極にあると言ってよいだろう。

河井夫妻買収事件での「狙いうち」

「選挙の公正」を確保することを目的とする公職選挙法の罰則が、特定の政治家に狙いを定めた捜査に使われたのが、二〇一九年の河井克行元法相・案里参院議員夫妻の「多額現金買収事件」だった。河井夫妻が、広島県議、市議、後援会員らに対して、現金を供与した買収事件でも、東京地検特捜部の取調べに関して重大な問題が発生した。

従来から、国政選挙の際に、所属する政党の党勢拡大、地盤培養の政治活動のための寄附の名目で候補者側から地方政治家や有力者へ金銭を供与することは恒常化していたが、「政治活動の寄附」と弁解されると買収罪の立証が容易ではないとの理由で、ほとんど公選法違反で摘発されることはなかった。そのような金銭供与は、特に保守系候補については半ば慣行化していった。

ところが、河井夫妻買収事件では、検察は、国会議員の二人に狙いを定め、被買収者側には処罰されないことを示唆し、買収金だったことを認めさせて自白調書をとるという違法な取調べを行い、実際に、被買収者側については刑事立件すら行わなかった。本来、買収罪については、買収金額に応じた処理求刑基準があり、それにしたがって刑事処分が行われる。公正さを欠く検察の対応に対して、市民団体が被買収者を公選法違反で告発した。

二〇二一年一月には案里氏に買収罪で有罪判決、同年六月には、克行氏に懲役三年の実刑判決が言い渡され、検察は、被買収者九九人について、被買収罪の成立を認定した上で起訴猶予とした。告発人からの審査申立を受けた検察審査会は、広島県議・広島市議・後援会員ら三五人について起訴相当の議決を行った。検察は、重病の一名を除いて全員を被買収罪で起訴した。

広島県議・広島市議の多くは、公判で買収罪を争い、その過程で、任意取調べにおいて、検察官が不起訴にすることを示唆したうえで買収目的を認めるよう促すやりとりを記録した録音データの存在が明らかになった。その結果、最高検察庁が調査を行い、「不適正な取調べ」として担当検事を処分する事態に発展した。

この事件で、強制捜査の発端となったのは、二〇二〇年一月に、広島地検特別刑事部が、別件の公選法違反事件の容疑で河井氏の議員会館の事務所に捜索差押を実施し、その際に、河井氏側から、広島の県議、市議、自治体首長らに多額の現金が渡ったことを示すパソコンデータが発見されたことだった。その後、東京地検特捜部検事が、この事件の捜査に加わり、いつの間にか、捜査の主体は、東京地検特捜部に移り、元法務大臣夫妻の多額現金買収事件に発展していった。

ちょうどその時期は、黒川弘務東京高検検事長の定年延長をめぐる問題、その後の検察庁法改正案の国会提出で安倍政権の検察幹部人事への介入に対して世論の批判が高まり、検察側でも、大物OBを含め、安倍政権のやり方に対する不満が渦巻いている状況だった。

そういう状況で、当時の安倍首相や菅官房長官と近いと言われていた河井氏をターゲットとする捜査が行われていった。

河井事件は、公職選挙法という、政治家の選挙運動を規律する法律の問題であり、個別の政治家だけの単発的な問題ではなく、多くの政治家に関連する構造的な問題だった。それを、無理やり個別の政治家に狙いを定め、そこだけを切り取って処罰の対象にしようとしたのが特捜部の捜査だった。

客観的に事実解明を行い、法律をその趣旨目的に沿って適用するという本来の法執行機関の姿勢の対極にある「岡っ引き根性」が、河井事件でも典型的に表れたと言える。

不祥事の同時多発で危機に直面する検察

検察は、今、未曽有の危機に直面している。

袴田事件の再審無罪判決に対する畝本検事総長談話が、袴田弁護団や世の中から猛烈な反発を受けている問題、大阪地検特捜部検察官の取調べについて特別公務員暴行陵虐罪の大阪高裁の付審判開始決定など検察官の取調べをめぐる問題の多発、そして、大川原化工機事件などで急速に社会の関心が高まっている人質司法に対する検察の責任の問題、さらには、不同意性交事件での北川健太郎元大阪地検検事正の起訴、これらの不祥事による検察批判、検察への信頼の失墜は、村木厚子氏の無罪判決、証拠改ざん事件の発覚による検察不祥事とは質的に異なる組織自体に向けられた批判であるところに問題の深刻さがある。

　これらの検察をめぐる問題の根本には共通の要素がある。

「お試しで逮捕なんてありえないんだよ。まず捕まえてみて、どうなるか分かんねえから調べてみて、しゃべったら起訴しようとかじゃないんだよ。検察なめんなよ。命懸けてんだよ、俺たちは。あなたたちみたいに金をかけてんじゃねえんだ。かけてる天秤《てんびん》の重さが違うんだ、こっちは」

大阪地検特捜部がプレサンスコーポレーション社長・山岸忍《やまぎししのぶ》氏の有罪立証の柱とした山岸氏の元部下からの供述を得るための取調べで、田渕大輔検事が言い放った言葉だ。このような言葉で威迫し続けた田渕検事が特別公務員暴行陵虐の罪に問われたのが大阪高裁の付審判開始決定だ。

「お試しで逮捕なんてありえない」と言っているのは、逮捕した被疑者がどのような供述・弁解をしようと、その時点で起訴と決めているという趣旨である。

「検察なめんなよ」という言葉の「なめたらいけない存在」は何だろうか、それは、実際に人を逮捕したり、取調べをしたりする特捜部という捜査機関のことだ。特捜部が、ある人物に狙いを定めて犯罪者だと判断して逮捕した以上、とことんやり抜く、それを甘く見たらいけない、という意味の言葉だ。

そして、「命懸けてんだよ、俺たちは。あなたたちみたいに金をかけてんじゃねえんだ」と言うが、ここで「命を懸けてる」のは何だろうか。そこには「命を懸けて守り抜かなければならない『絶対的正義』」があるということ、その正義を実現しようとする自分達と、金儲けしか頭にない人々とは、根本的な差異がある、ということだろう。しかし、その「正義」とは、いったい何なのだろうか。

田渕検事の言葉には、「岡っ引き根性」が強烈に表れているというべきであろう。

東京地検特捜部でも多発する検察官の取調べをめぐる問題

これまで、特捜部をめぐる検察不祥事となった村木事件、プレサンスコーポレーション事件はいずれも大阪地検の問題だった。

東京地検特捜部でも、過去に、陸山会事件の捜査で、検察官が被疑者が供述していない内容の虚偽捜査報告書を作成して、検察審査会に提出して起訴相当議決となるよう誘導した問題、前記の河井夫妻事件での不起訴示唆による供述誘導の問題などが表面化し、検察が批判を受けたことがある。

最近でも、五輪談合事件で、検察官が在宅の被疑者取調べで、供述していない内容の供述調書を作成し、訂正にも応じなかったことについて、弁護人が最高検察庁監察指導部に申立てをしたのに対して、検察官が、その被疑者が役員を務める会社の親会社の代表取締役を取調べに呼び出して申立ての取下げと詫び状の提出を要求し、会社が応じたことが、刑事公判での被告人の陳述より明らかになり、事実関係を調査し結果を公表することを求める日弁連会長談話が出されている。

それ以外にも、東京地検特捜部の取調べに関する問題が弁護人側から指摘されることは少なくない。しかし、その多くが、録音録画が義務づけられていない在宅被疑者や参考人の取調べであるため、河井事件のように被疑者側が録音機を持ち込んだりしない限り、違法な取調べが客観的に明らかになることはない。最近では特捜部は、取調べ室に録音機が持ち込まれないよう、金属探知機による手荷物検査まで行っているようだ。

東京地検特捜部の取調べをめぐる問題が不祥事化することがほとんどないのは、検察の不当な行為を訴える被告人の言葉に全く耳を貸さず、検察の主張を丸呑みして有罪判決を言い渡す東京地裁刑事裁判部の姿勢によるところが大きい。

大阪地検の問題は、いずれも無罪判決を契機として不祥事が顕在化しているが、東京地検では裁判所が特捜部の事件に対して消極判決を行うこと自体がほとんどなく、稀にあっても、上級審で覆されている。そのため、捜査や公判の過程の問題も当事者側の訴えだけで終わってしまうのが大部分だ。

このように東京地検特捜部の事件に対する東京地裁の裁判体の対応が著しく検察寄りであることの背景には、東京地検特捜部の「岡っ引き根性」的な捜査が、従軍記者的な司法マスコミの報道によって守られていること、それが特捜捜査への世間の期待につながり、裁判所も特捜検察の主張に追従してしまうという構図がある。

特捜部の「岡っ引き根性」の背景

特捜部という捜査機関に特有の「岡っ引き根性」は、正義の象徴としての検察による〝勧善懲悪〟への国民の期待感を背景にしている。その背景には、日本人の法意識、とりわけ刑事司法に対する意識がある。それは、そういう意識の日本人を読者、視聴者とする司法メディアの報道にも影響を与える。

拙著『歪んだ法に壊される日本　事件・事故の裏側にある「闇」』でも述べたように、日本では、多くの国民が「法の素人」という意識を持っている。お上によって法は正しく運用されていると無条件に信じ、法にひれ伏してしまう傾向がある。

一方で、歴史的に、日本人の感性の中には、「水戸黄門」のドラマに代表されるような勧善懲悪を好む傾向があり、それは、「半沢直樹」のドラマが人気化したことにも相通ずる。権力者に犯罪の嫌疑が向けられた場合は、「必罰」を期待し、それが不発に終わった場合には、大きなフラストレーションが残る。

元裁判官で明治大学教授の瀬木比呂志《せぎひろし》氏は、著書『現代日本人の法意識』（講談社現代新書）の中で、

> 犯罪と刑罰に関する日本人の法意識は、素朴であると同時に、やや硬直的でもある。「犯罪は一種のケガレであり、犯罪の疑いをかけられることすらケガレである。火のないところに煙は立たない。日本人の犯罪と刑罰に関する法意識のうち無意識に近い部分には、そうした感じ方さえうかがわれる部分がある。
> このような、無意識レヴェルに根付いている可能性のある法意識は、その源流をたどれば、おそらく、近世以前にさかのぼることができよう。

と指摘し、尾脇秀和《おわきひでかず》著『お白洲から見る江戸時代「身分の上下」はどう可視化されたか』（NHK出版新書）に描かれた、江戸時代の裁判において「身分のある者」が未決勾留《こうりゅう》を言い渡されたときの扱いについて紹介している。

尾脇氏の著書では、通常は縁側に座る身分（武士、僧侶等）の者が未決勾留を命じられる場面（《御白洲で「揚り屋入り」の申し渡しが読み上げられる》）について、以下のように書かれている。

> するとそれを合図に、御白洲の砂利上にひかえていた蹲踞《つくばい》同心が、突如縁側に座

る被疑者の背後から、その足と腰を捕まえ、後ろ返しにして砂利に引き下ろした。麻上下着用の場合、砂利の上で肩衣をはねて、そのまま縄で縛りあげた。

（中略）

突然縁側から地べたの砂利に突き落とされて縄で縛られる――。「おまえはもう、そこに座る資格はない」ということを、言葉よりも強く可視化される。廉恥《れんち》を重視する近世社会において、それは肉体的苦痛より、屈辱としての心理的苦痛の方が甚だしい。

このように、犯罪の疑いを受けた権力者が、突然、犯罪者として烙印《らくいん》を押され、叩《たた》き落とされるという情景に痛快感を覚える感性は、江戸時代から、日本人に根付いてきたものなのかもしれない。奉行による「御白洲での申し渡し」が法である。法に無条件にひれ伏してしまう日本人の一般的傾向とあいまって、法によって権力者の悪党を退治することへの期待感が生じる。特捜部の「岡っ引き根性」の背景には、このような日本人の法意識があると考えることができる。

「五輪談合事件」で露呈した「経済司法の崩壊」

私自身が弁護人として、検察との戦い、そして裁判所との戦いを通じて、その構図を実感した事件がある。

後述する経過で、私は二〇二三年の三月以降、五輪談合事件の弁護人を務めている。東京地検特捜部が独禁法の罰則を適用して捜査し、東京オリンピック・パラリンピック組織委員会の発注業務をめぐる独禁法違反で組織委員会次長と広告代理店、イベント制作会社とその担当者を起訴したのが五輪談合事件だ。独占禁止法という法律の基本も違反行為の構成要件も理解することなく、「罰則という刀」を振り回し、「人質司法のプレッシャー」で無罪主張を封じ込め、検察に追従する裁判所を巻き込んで、有罪判決に持ち込む。それによって経済社会に甚大な被害を与えかねない事態を招いている「特捜の暴走」の典型例だ。

東京五輪大会は、パラリンピックも合わせて五五もの競技がほぼ同じ時期に行われる世界最大のスポーツイベントであり、その四三の会場で行われる競技すべてについて穴を空けることなく実施する能力のある事業者を選定する必要がある。テストイベント計画立案業務は、総合評価方式の一般競争入札で発注されたが、単に入札を公示して入札参加者を募り、競争で落札した事業者と契約するだけでは、人気のあるメジャーな競技に応札が集まり、マイナーな競技にはどこも応札しない事態になる可能性が高い。国内のスポーツイベントに関わるリソースをバランスよく配分する必要があった。

そこで、組織委員会の担当次長が、実績・経験があり実施体制が確保できる事業者に応札を依頼し、事業者側の意向を確認するなどして、全競技について、業務を実施できる事業者を最低一社確保するため「入札前の調整」を行ったものだった。

「公の入札」であれば法律で入札の原則が定められており、発注者が特定の事業者に入札参加ないし受注を依頼する行為自体が犯罪であり、それに関わった事業者も共犯の責任を問われることになるが、組織委員会の発注は法的には民間発注であり、どのような方式で発注するかは、発注者が自由に選択できる。入札を行って受注を希望する業者間で競争を行わせることも、発注物件の商品、サービスの性格などから随意契約によって発注することも可能である。

民間発注では、事業者相互間で、「事業活動を相互に拘束し、一定の取引分野における競争の実質的制限を生じさせる」ような合意が行われた場合に、独占禁止法違反に問われる可能性があるが、発注者側から入札参加を依頼されてそれに応じても、他の事業者との意思連絡がない限り問題にはならない。

実際、事業者間で意思連絡や合意が行われたことはなく、何の制約もなく入札に参加していた。その結果、談合の場合には一〇〇%に近い数字になることも珍しくない落札率（落札価格／予定価格）は、約六五%と低い数字であった。組織委員会側の意向は尊重しつつ、事業者間では、何の制約もなく、自由に競争行動が行われたことを示していた。

このような事案を無理やり独禁法違反事件に仕立て上げた検察の捜査に各事業者は反発し、徹底否認をしたが、それを押しつぶしていったのが人質司法だった。それにも屈しなかったイベント会社セレスポの専務取締役（当時）の鎌田《かまた》義次《よしじ》氏は、五回の保釈請求が却下され、勾留日数は一九六日に及んだ。フジクリエイティブコーポレーションのF氏の勾留日数は二三〇日を超えた。

二〇二四年一二月に同社と鎌田氏に対して言い渡された東京地裁判決（安永健次裁判長）は、起訴されてから一年半以上も無罪を争ってきた裁判の結果としての判決とはとうてい言えない異常なものだった。「事実らしきもの、独禁法の法律らしきものが書き並べてあるだけのもの」で、刑事裁判の判決書とはおよそ言い難い「代物」だった。

判決の論理は、要するに、発注者側から意向を示されてそれに従って応札するのは自社の受注の可能性を高めるためであり、その際、他社も発注者の意向に沿って入札等に向けた行動をとることを予測していたから、「相互に他の事業者の入札行動等に関する行為を認識し、暗黙の裡に認容したと評価することができ、他の事業者との間で意思連絡をしたと認められる」というのである。

民間発注では、事業者がそのような認識をもって対応することは当然だ。そのような理屈で独禁法違反（不当な取引制限）が認められるというのであれば、民間の大規模発注では多くが独禁法違反ということになる。検察の捜査も公判審理も不要で、当初から有罪は明白だったことになる。鎌田氏は、事実や証拠の問題ではなく「独禁法に違反する行為など行っていない」と無罪を主張し続けたことだけを理由に、一九六日もの間、身柄拘束されたことになる。

事業者相互間の話合いも決定もないのに、「発注者側から意向を示されてそれに従って応札するのは自社の受注の可能性を高めるため」「他社も発注者の意向にしたがって応札することはわかっていたはず」というだけで談合になり独禁法違反になるのであれば、民間の取引においては当たり前の『お客様の意向に従うこと』だけで独禁法違反になる。そういう理屈で有罪と認定されるのであれば、捜査が始まった時点から、鎌田氏が会社の名誉をかけて一九六日の人質司法に耐えたことは全くなんの意味もなかった。そのような独禁法の解釈は、検察も主張していなかったもので、裁判所が、無理やり有罪にするためにひねり出してきた「理屈にもならない理屈」だった。

そういう理屈で有罪と判断するのであれば、前提となる事実に争いはないのだから、判決も「理屈にならない理屈」だけ書けば済むはずだ。ところが、判決では弁護人が、全く違う前提で主張していることを「弁護人の主張」として取り上げ、それを「独自の見解」などとして斬り捨てている。それによって、「無罪主張にまともに向き合った判決」であるかのような外形を「偽装」しているのだ（弁護人控訴、東京高裁に係属中）。

「五輪談合事件」着手に至る経過

特捜部が組織委員会の発注をめぐる独禁法違反に着手することになったのは、五輪汚職事件で捜査の対象とならなかった電通を狙ったものだと思われる。

第二次安倍政権時代を象徴する東京五輪大会という国家的イベントをめぐって多くの疑惑が表面化し、その真相解明と権力者の処罰に対する世間の欲求が高まっていたことが背景となり、「岡っ引き根性」による特捜捜査が行われていった。

大会招致をめぐるＩＯＣ理事への贈賄疑惑、新国立競技場建設をめぐる問題、エンブレム問題、森喜朗会長女性蔑視発言等の不祥事が相次ぎ、新型コロナ感染拡大による開催延期又は中止が必至の事態になってからは、「安倍首相のレガシーへの執着」も取り沙汰された。東京五輪大会の招致・開催は、「安倍一強体制」を象徴する国家的イベントであっただけに、多くの不祥事により権力集中を背景とする「東京五輪の闇」が国民に印象づけられた面があった。

二〇二二年七月、参議院選挙二日前、史上最長の在任期間を誇り、退任後も自民党の最大権力者であった安倍元首相の銃撃事件で日本政治が激変し、安倍氏国葬をめぐる二極対立と統一教会問題で自民党への批判が高まっている状況の中で、東京五輪招致の中心人物と言われた電通元専務の高橋治之《たかはしはるゆき》氏が収賄罪で逮捕され、贈賄側として企業経営者が次々と逮捕されていった。

安倍氏が銃撃事件で斃れ、日本政治の権力構造が大きく動揺する中、東京地検特捜部が五輪汚職事件の強制捜査に着手したことで、国民は「東京五輪の闇」の解明に期待し、その中心人物と見られていた政治権力者・森喜朗元首相や五輪利権の中心と目されていた巨大企業電通をめぐる闇の解明を期待した。

この事件では、東京五輪の組織委員会の理事であった高橋治之氏側に支払われた金銭が、スポンサー選定に関連する賄賂に当たるとして、高橋氏が収賄罪に、スポンサー企業の経営者らが贈賄罪に問われたが、請託や便宜供与が、組織委員会理事の権限に関するものか、電通元専務としての民間企業電通への影響力に関するものかなど、多くの問題があった。それらの点が刑事裁判で争われることがないよう、無罪主張を押しつぶすために使われたのが、特捜部の強引な取調べと、無罪を主張し続ける限り身柄拘束から解放しない人質司法によるプレッシャーだった。

無理に無理を重ねた捜査だったが、世間の期待に反し、政治家も電通も摘発の対象にはならなかった。そこで、特捜部が何とかして電通に捜査の手を伸ばそうとして公正取引委員会を巻き込んで捜査に着手したのが、五輪談合事件だった。

私はこれまで、ライブドア事件、村上ファンド事件、陸山会事件、カルロス・ゴーン事件、リニア談合事件など多くの「特捜事件」で、捜査を徹底批判してきた。また、自分自身も、弁護人として検察と戦ってきた。一方で、「安倍一強体制」とまで言われた安倍政権時代は、森友学園問題、加計学園問題、桜を見る会問題など多くの問題で政権批判を続けてきたし、東京五輪招致をめぐる贈賄疑惑についても徹底追及する発言を続けてきた。

東京地検特捜部が高橋氏らを逮捕して五輪汚職事件の本格捜査に着手した時点では、そういう私にしては珍しく、特捜捜査を応援する立場だった。その時に出したYahoo!記事【高橋治之氏・受託収賄逮捕、電通と戦う検察、〝東京五輪をめぐる闇〟の解明を！】

などでは、法律上、証拠上の問題は指摘しつつも、「東京五輪をめぐる闇」の解明に期待していた。

五輪談合事件についても、強制捜査着手の時点では、五輪汚職事件では果たせなかった「電通の闇」に斬り込むことを期待した。しかし、その後明らかになってきた事実から、この事件の構図が、そもそも独禁法の適用対象とすべき事案ではないとの認識に至り、【東京五輪談合事件、組織委元次長「談合関与」で独禁法の犯罪成立に重大な疑問、〝どうする検察〟】と題する記事を書いて、特捜捜査に警鐘を鳴らした。その直後、特捜部は、組織委員会の担当次長、セレスポ鎌田氏ら四名を逮捕するに至り、その起訴の直前に、セレスポ側から依頼を受け、弁護を受任することになった。

もともと、特捜部に批判的な立場の私ですら、一度は「応援モード」になったぐらいである。安倍政権時代の権力集中の象徴とも言える「東京五輪の闇」に対して斬り込む捜査への世の中への期待は大きく、それが、特捜部側の「岡っ引き根性」を煽《あお》る結果になったことは想像に難くない。

経済法令の実効性を担保するためには、法令違反行為に対して、その重大性・悪質性に応じた制裁を科すことが不可欠であり、その制裁の中で最も峻厳《しゆんげん》なものが刑罰だ。罰則を正しく適用して、法目的を達成していくことは、公訴権を独占し、訴追裁量権を有する検察が、法執行機関として経済司法において果たすべき重要な役割だ。

その中でも、独占禁止法は、「公正かつ自由な競争」を促進することを目的とし、経済憲法とも言われる。その罰則適用は、「経済司法のど真ん中の領域」だ。

独禁法の罰則適用という法執行機関としての役割が特に重要な領域で、「岡っ引き根性」丸出しの特捜部による不当・違法な捜査・起訴が行われ、裁判所もその無法を容認するという経済司法の崩壊が起きている。そのような事態を放置すれば、日本の経済社会がさらに深く蝕《むしば》まれることは間違いない。

検察の情報開示・説明と司法メディア

検察と国民の関係に大きな影響を及ぼしているのが司法マスコミの存在だ。

特捜部の「岡っ引き根性」は、たぶんに、日本人独特の法意識を背景に、単純に「悪党退治」を期待する国民の処罰欲求に根差している。そして、それを煽っているのが、司法メディアだ。「悪党退治」的な捜査の展開が、もっとも世の中の興味関心をそそり、彼らメディアにとって、仕事の種になるからだ。

検察の世界にとって、社会との接点の大部分が、司法メディアとの関係であり、それが、情報を非公式に提供する側と、情報を受ける側の「特別権力関係」であるところに問題がある。

北川健太郎元大阪地検検事正は、不同意性交事件の公判では「同意があったと認識していた」と主張して犯意否認に転じているが、不適切な性行為の事実自体は認めている。被害者の女性検事は、行為後に、「これでお前も俺の女だ」と言われたと話しており、問題は、個別の上司・部下の関係だけではないように思える。

女性社員の人権侵害が批判を浴びたフジテレビ問題に関連して、捜査機関の幹部に接触して情報を聞き出す取材を求められる女性記者の人権問題が指摘されているが、それは、捜査権のみならず刑事処分の権限をも有する検察の幹部も例外ではない。過去に、検察幹部の女性記者に対するセクハラが内部的に問題になった事例も複数ある。ジャニーズ事務所問題などで「ビジネスと人権」の問題が厳しい社会的批判を受ける中で、とうてい看過できない問題だ。

検察と司法メディアの関係に関する問題の背景となっているのが、情報の秘匿・独占の問題だ。

「政治資金パーティー裏金事件」の経過を振り返ってみると、検察の公式な情報開示がほとんど行われなかったことで、大きな政治的、社会的影響が生じたことがわかる。

まず、検察捜査で派閥担当者の聴取が行われている状況において、「ノルマ超の売上の多額の還流金の裏金」の報道があり、その後も、閣僚クラスの議員の裏金の具体的金額が報じられるなど、検察リークによるとしか思えない報道が続いたことで、捜査対象の安倍派議員側には「検察への不信・反発」が高まった。一方で、閣僚クラスの議員の裏金金額が具体的に報じられたことで、国民の間には派閥幹部や裏金議員の処罰が当然であるかのような認識から、「処罰への期待」が高まった。しかし、結局、検察が起訴した国会議員は池田・大野議員、谷川氏の略式請求のみにとどまり、その期待は大きく裏切られた。それによって、「検察に対する失望・不信」とともに国民に生じたのが「罪を免れ、納税も免れた裏金議員に対する強烈な不満反発」であった。検察が不起訴処分にした事件に関する情報開示を一切行わず、起訴した事件についても、公判前は一切情報開示せず、事務担当者らの公判でも、国会議員に関する事実はほとんど明らかにしなかったため、結局、裏金問題の真相は全く不明であり、しかも裏金についての国会議員納税も全く行われないことについても、全く情報開示はなかった。そのような「裏金問題の結末」に対する国民の強い不満反発が、衆議院選挙において自民党を直撃したのである。

この事例では、検察は終始、政治家処罰に消極的だったことで、国民の「悪党退治」

の期待を裏切ることになり、国民の失望と不満反発が生じたが、逆にその期待に応えるべく特捜部の「悶っ引き根性」が発揮されることになった場合は、検察リークによる有罪視報道に加えて、不当違法な取調べや人質司法によって、捜査対象者側の検察への不信と反発が高まることになる。

検察、捜査対象者、国民の間に、対立、反感、不信、失望などによる「負のトライアングル」が生じることになる。

検察問題に関する政治の責任

では、このような検察の危機的状況、刑事司法の惨状に対して、これからどう対処していけばよいのだろうか。

二つの方向で考える必要がある。

一つは、国の仕組みの中での検察の位置づけを再検討して、検察が所属する法務省という組織との関係を再構築することである。

検察も行政機関であり、その権限行使が適切に行われることについて最終的な責任は、内閣にある。それを所管しているのが、内閣の一員たる法務大臣である。そして、検察も法に基づいて設置されている機関であり、検察をめぐる法を適切に整備するのは国会の役割である。

これまで、ほとんど封印されてきた法務大臣の指揮権の重要性を再認識すること、それを通して、検察の組織内に根強くある「全能感」を払拭し、検察も、国家のシステムの一翼を担う存在であり、その権限行使には限界があるという当然のことを組織内であらためて認識することが重要である。

第七章で述べたように、刑事事件の処理に関して外交上の判断が必要となった場合、検察の信頼を失墜させる重大な不祥事への対応が必要となった場合が、法務大臣の指揮権を積極的に活用すべき典型的な局面であることについて正面からの異論はないだろう。しかし、それ以外にも、法務大臣として、検察に対する指揮権を活用すべき重要な問題がある。例えば、検察の捜査処分に関する説明責任の問題である。従来、検察当局は、関係者の捜査への協力への支障等を考慮し、公判以外の場での情報開示には極めて消極的だった。刑訴法四七条の「訴訟に関する書類は、公判の開廷前には、これを公にしてはならない。但し、公益上の必要その他の事由があつて、相当と認められる場合は、この限りでない」の規定の本文を拡大解釈して、公判で明らかにする事項以外は、起訴不起訴を問わず情報開示を拒絶し、但書きの「公益上の必要」は極端に縮小解釈をして、ほとんどいかなる場合も情報公開を拒絶してきた。

しかし、刑事事件には、個人のプライバシーに関わる要素が大きく秘匿性が高い事件から、公益性が高くプライバシー保護の要請は必ずしも大きくない事件まで様々なものがあり、政治資金規正法違反事件、公選法違反事件は、後者の典型である。検察としては、捜査の結果、明らかになった事件の内容について、積極的に情報開示し、説明責任を果たすことが重要な場合もある。

ほとんどが不起訴処分に終わった「政治資金パーティー裏金事件」についても、捜査の結果を積極的に公表する「公益上の必要」が大きかったと考えられる。不起訴処分となった事件の情報公開については被処分者の承諾を得る必要があるとしても、多くの「裏金議員」にとって、検察の捜査の結果が何一つ公表されず一層不信が高まったことからすれば、むしろ、捜査結果の情報が公開されることを望んだのではないか。

このような事件について、法務大臣として、検察に情報開示を徹底するよう指示することは、十分にあり得る選択肢だったと考えられる（この場合の「指揮権」は、事件の捜査処分自体に関するものではないので、検察庁法一四条但書きの「個別的指揮権」ではなく、本文の「一般的指揮権」である）。

とはいえ、法務大臣が内閣の一員である以上、判断に政治性、恣意性が働かないかという点は常に問題になる。その適正さを担保するために、法務大臣の指揮権について、在り方を検討する専門家・有識者による検討の場を設け、「指揮権ガイドライン」を設けたり、重要な指揮権行使について諮問したりすることなども検討すべきではなかろうか。

国会との関係で言えば、これまで国会議員の多くは、強大な刑訴法上の権限を有し、しかも、その決定が組織内部で完結し、ブラックボックスとなっている検察の問題については、「触らぬ神に祟《たた》りなし」的な姿勢で臨んできた。検察の問題に積極的に関わろうとすることはほとんどなかった。それは、国会議員側に、何らかの後ろめたい、やましいことがあるが故だと思われても致し方ないであろう。

個別の刑事事件について、検察の権限行使の独立性を尊重し、介入を控えることと、検察をめぐる制度をよりよいものにできるよう検討していくこととは、別個の問題である。検察に関する立法を所管する法務省が、その幹部が事実上検事によって占められている現状のままでは、検察に関する制度を利害関係なく客観的に検討することには限界がある。それだけに、国会の役割は大きいと言えよう。

法執行機関としての検察の役割

経済社会事象は、ますます複雑・多様化し、法律の整備とその実効性確保の必要性が高まっている。法執行機関としての検察の役割は一層大きくなり、捜査処分への信頼性が重要となる。それは「岡っ引き根性」への期待とは質的に異なるものだ。

公選法、政治資金規正法の罰則を駆使して法執行機関としての検察の役割を果たした事例として、第二章でも取り上げた二〇年前の長崎地検の一連の捜査がある。長崎地検の捜査の目的は、公共工事をめぐる談合システムと腐敗構造を明らかにし、そこに法律を適切に適用することだった。長崎の経済社会と市民生活に直結する経済社会の中心部に関わる問題について真実を解明することで、市民の期待に応え、社会の要請に応えるという使命感があった。そこにあったのは、特捜部の捜査で生じる「負のトライアングル」とは真逆のものだった。

従来、特捜部などの捜査では、一人の主任検事の下に多数の応援検事が配置され、主任検事が捜査目標に沿って設定した一定の「ストーリー」に沿った供述を得るために長期間にわたって被疑者・参考人と対峙して取調べを行うというやり方が一般的だった。

応援検事には、担当する取調べに必要な情報だけが与えられ、事件の全体像は示されない。事件の全体像を把握し捜査の方向性を判断するのは主任検察官と決裁官で、応援検事がやるべきことは、余計なことを考えないで気迫をもって粘り強く取調べを行うことだった。

このような共同捜査の方法は、コックス（操舵者《そうだ》）と漕《こ》ぎ手八人のチームで直線水路で速さを競うボート競技にたとえることができる。漕ぎ手はボートが進む方向もわからず必死に漕ぐだけ、船尾でメガホンを持って漕ぎ手を叱咤《しった》激励するコックスだけがボートの進行方向を把握し判断するのと同様に、従来の特捜部を中心とした検察独自捜査では、主任検事がコックスとしてストーリーを示し、応援検事は、漕ぎ手としてストーリー通りの供述を得るために連日の取調べに取り組む存在だ。それは、個々の検事の鋭敏性を失わせてしまう。

長崎地検捜査班の態勢は、それとは全く違う「サッカー型フォーメーション」だった。

サッカーは個人技とチームプレーのゲーム、守備位置や打順が固定され、プレーが基本的にベンチの指示によって行われる野球とは異なり、各選手のポジションは固定的なものではない。選手達は、ゲームの状況に応じて、ボールの位置、相手方の位置、味方の位置を認識し、相互に連携を図りながら、攻撃・守備を行う。選手の個人技も必要だが、それは、他の選手との連携がうまくいった場合に初めて結果に結びつく。

他地検からの応援を含む長崎地検の捜査班のメンバーは経験年数三年以内の若手検事中心だったが、それぞれ自らの能力を最大限に発揮した。それは、サッカー型フォーメーションによって、捜査班そして庁全体の連携・協力が機能していたからだった。

捜査によって解明しようとする事実は、公共工事をめぐる腐敗の構造全体だった。その中の個々の被疑事実やゼネコンを捜査のポイントとして設定し、それぞれに主任検事を指名した。各ポイントについて、主任検事が証拠関係を把握し、事実を解明する上で中心的な立場にいて、それを他の検事がサポートするというフォーメーションだった。若い検事達は、与えられたポイントについて責任をもって事実解明を行った。そして、その結果は、指揮官の次席検事の私の下で集約され、それに基づいて、想定事実の全体像を逐次修正し、少しずつ真実に近づいていった。各検事が、担当領域（ポジション）を与えられると同時に、他のプレーヤーと連携してボールを支配してゴールを狙うというサッカー型のフォーメーションは、検事一人ひとりが事実に鋭敏に反応することにつながり、爆発的な力を発揮した。

長崎地検の捜査のもう一つの強みは、捜査の対象者との間で対立軸を作らず、最終的には味方として取り込んで、コラボレーションの関係を築いていったところにあった。

それを可能にしたのは、それまでの検察独自捜査とは違う、新たな捜査手法だった。

被疑者、参考人の取調べは刑事事件の証拠収集の最も重要な手段であり、「気迫あふれる取調べ」「情理を尽くした説得」などを長時間にわたってじっくり行うことで真実を語らせるというのが、従来からのオーソドックスな捜査のやり方だった。

しかし、地方の中小地検の独自捜査では、そのような「長期間対峙型取調べ」を行うだけの人員的な余裕はない。しかも、企業に関わる事件の場合、社員は会社の業務命令で取調べに応じているので、社員は供述する内容について会社側から事前に指示を受け、取調べ終了後には供述内容を会社に報告させられるのが通常だ。そういう立場の社員に自分の意志で会社側に不利益な供述を行わせることはもともと困難だし、それを無理に行わせようとすると、泥沼の消耗戦に引きずり込まれることになる。真実を供述させようとしての取調べは厳しいものとなり、取調べを受ける側だけではなく取調官の側の精神的消耗も、激しいものとなる。そういう取調べでは往々にして不祥事が起きたり、被疑者、参考人の側に自殺者が出たりする。地方の検察庁の捜査では、取調べをめぐって問題が生じれば、たちどころに捜査は崩壊する。取調べには真摯に公正な姿勢で臨むこと、それが常に、指揮官から取調べ検察官に指示していた方針だった。

そして、取調べ以外の手法を駆使して証拠を収集し事実を解明していこうとする捜査手法を活用した。会社の経営者、顧問弁護士などと交渉し、それまでの捜査で明らかになっている事実を必要に応じて開示しながら、捜査への協力を要請し、会社の役職員に取調べに対して真実を供述するよう説得したり、社内調査で事実関係を明らかにするという形で捜査への協力を求め、それを通して証拠を収集し事実を明らかにしていった。

取調べによる事実解明にはこだわらず、要所要所で、指揮官の私が捜査への協力を求める活動を行っていった。

このような検察捜査の手法は、取調べに関する問題が多発している特捜部の捜査の対極にあると言ってよいであろう。

法律家であり、公益の代表者でもある検察官が行う捜査において重要なことは、検事個人の能力を最大限に活かすこと、そして、捜査対象者との信頼関係を構築し維持することだ。有能なエリート検事の集団であるはずの特捜部が、なぜ、ひろゆき氏の言葉のように、「特捜部の検事って、そんなにバカなんですか」と言われることになるのか、意に反する供述を得ようとして取調べの問題を起こしてしまうのか。そのような特捜捜査の現状を変えていく手がかりが、「二〇年前の長崎地検の捜査」にあるのではないか。

検察捜査への市民の理解と支持

こうした長崎地検の捜査は、長崎市民、県民に圧倒的な支持を受けていた。年の瀬を控えて行われた恒例の裁判所、検察庁、弁護士会の法曹三者の忘年会での挨拶で、弁護士会長が「今長崎地検がやっていることが、まさに司法制度改革そのものだ」と言ってくれた。「法と正義」をめざす捜査が理解されていることを表す言葉だった。

市民が捜査を真剣に受け止め、期待してくれていることを感じさせる激励文や投書が続々と届いていた。その中に、「長崎県民」と名乗る人から寄せられた、「ガンバレ検察庁」と題する次のような激励文もあった。

何か狐につままれた感じがします。今起こっていることは現実なのでしょうか。まるで夢を見ているようです。夢ならさめないでほしい。

私は「法と正義」など単なる馬鹿話だと思っていました。

しかし、現在長崎地検が「真の法治国家」に向けて行っている一連の捜査を見て感動を覚えます。

（中略）

政権政党自民党の県連に家宅捜索に入るなどとは前代未聞の話です。ソ連共産党にKGBが入るようなものです。とても考えられない。

検察の中には三井環元大阪高検部長が告発しているような問題も確かにあるかもしれません。検察官も裁判官も人間ですから弱い部分もあると思います。しかしそれを何とか克服しながらがんばってほしいものです。

この激励文のほかにも、市民が我々の捜査を真剣に受け止め、期待してくれていることを感じさせる多くの文書が届いた。

私を含め捜査班の検事の大半が二〇〇三年四月の定期人事異動で他の地検に転出して、二〇〇二年度長崎地検捜査班は解散した。

ちょうど、筆者が長崎を離れる頃、統一地方選挙の選挙戦に突入していた。

県連政治資金パーティー裏金事件で政治資金規正法違反に問われ失職に追い込まれたK氏は、その選挙区に、公民権停止で立候補できない自分の「身代わり」として妻を立候補させ、次の選挙までの「つなぎ」として政治基盤を維持しようとしていた。妻は専業主婦で、それまで政治への関わりは全くなかった。告示日の直前になって、社民党系の島原市議が突然立候補を表明したが、基礎票があまりに少なく、元議長の妻の当選確実の情勢に全く変わりはないと言われていた。市内の八〇〇の企業・団体からの支援を取りつけ、地元の大物代議士も三回も応援演説に立つなど、万全の態勢で望んだ元議長の妻の圧勝が予想されていた。

四月一日付けの辞令を受け取り、東京地検に異動して一週間余り経った頃、東京地検公判部の私宛てに、島原市に住む女性からの次のような手紙が届いた。

今　島原の春爛漫、木の芽の萌え始め、生命あふれる春となりました。

この春の草木だけではなく、災害復旧のハード的なことは終わった島原も今からは心の復興が大切な時、島原の流れを変えてこそ真の島原の春が訪れるものだと思っています（政治刷新）。

こんなことを予予思い、憂いておりましたところに、郷原先生のなみなみならぬご努力のもと今島原も変わろうとしています、否変わらねばならないと強く思っております。

その第一歩は今月の統一地方選挙にかかっているようでございます。

三月三〇日の長崎新聞「長崎が変わってこそ」のインタビュー記事を読ませてもらいました。なる程とうなずくばかりでございました。

この先生の言葉あってこそ真の「法」が成り立つものだと心強く感じて筆をとる次第でございます。

先ずは「島原から変わって、長崎が変わって、日本が変わってもらいたいものだ」と思っております。

手紙の末尾には「島原の流れを変えたい一市民」と書かれていた。

異動先の東京地検に届いたこの手紙を受け取り、島原に風を起こそうと努力をしている人がいることに感銘を受けたことは言うまでもない。しかし、そこまで思う人は少数で、選挙結果には影響ないだろうと思っていた。

ところが、四月中旬に行われた選挙は、一万四〇〇〇票対九〇〇〇票余りという大差で、社民党候補が元議長の妻を破るという予想外の結果となった。新聞の見出しには「島原市民良識の勝利」との活字が躍った。手紙に書かれていたように「島原から変わって」に向けての第一歩とまで言えるかどうかはともかく、政治資金規正法に問われて公民権停止になっても、政治経験のない専業主婦の妻まで駆り出して公共工事利権を維持しようとするという、あまりに有権者を愚弄するやり方に、市民の怒りが爆発したということだろう。

長崎地検の捜査は、長崎の県民・市民に公共工事の腐敗構造を明らかにするという成果を挙げ、それが、選挙においても市民が主体的な選択を行うという一つの社会的影響をもたらした。


そして、その五年後の二〇〇八年二月、検察を離れ、弁護士・大学教授という立場になった私は、長崎新聞社主催の講演会で久々に長崎を訪れた。講演終了後、最前列に座っていた初老の小柄な紳士が近づいてきて私に握手を求めた。自民党長崎県連事件で逮捕・起訴した当時の長崎県連幹事長の「A氏」浅田《あさだ》五郎《ごろう》氏だった。隣にいたのが県政界を引退した五郎氏の後を継いで県議会議員になった長女の浅田ますみ氏だった。

県の公共工事受注額に応じてゼネコンに寄附を要求し、一部を「裏献金」で受領するという長崎県連の集金システムは、県連幹事長が受け継いできたものだった。長崎地検の捜査が行われた時期にたまたま幹事長職にあった浅田氏が捜査対象になったのは、ある意味では不運だった。しかし、彼は、最終的に検察捜査の対象になったことを前向きに受け止めた。

固く手を握り合ったのは、五年前に、保釈された直後に次席検事室を訪れ、「私も長崎を変えることに全力を尽くしたい」と言う浅田氏と握手をして以来だった。

その後、長崎市議会議員となって地方政界に復帰した浅田五郎氏は、二〇二三年四月に市議会議員としての活動を終え、二〇二四年一一月に地方政界での功績が認められ、旭日中綬章の叙勲を受けた。

この時、長崎地検が行った、公選法、政治資金規正法という「法」を適用して、自民党の地方組織の腐敗構造の解明に取り組んだ一連の捜査は、所詮、田舎の地検が、地方議員を起訴しただけの事件である。しかし、そこでは、市民にも「法と正義」という言葉が認識され、検察捜査が市民から支持されただけでなく、捜査対象者側にも納得と共感が得られ、「共感のトライアングル」と言うべきものがあった。それをもたらしたのが、法の趣旨目的に沿った法適用を行う「法執行機関」としての検察の捜査だったこと、それが、「巨悪を眠らせない、日本最強の捜査機関」への世の中の期待から、「岡っ引き根性」に支配されがちの特捜捜査をめぐる「負のトライアングル」とは真逆の世界であった。

前述したとおり、「岡っ引き根性」の背景には、「悪党退治」を期待する日本人の法意識があり、「処罰されるか、されないか」だけに関心が集中してしまう日本社会の現実がある。しかし、二〇年前の長崎で起きたこと、市民が「法と正義」に関心を持ち、その実現を求めたのも、一つの現実だった。「人質司法」「不当な取調べ」など手段を選ばず、捜査対象者を押しつぶすことで処罰欲求に応えることではなく、正しく法を適用し、その結果を可能な限り情報開示していく、という姿勢をとることで、検察への理解と共感を得ることは決して不可能ではないはずだ。

第八章で述べた、兵庫県の斎藤知事をめぐる問題、長崎県の大石知事をめぐる問題、いずれについても、私が上脇氏とともに告発状を提出したことが、捜査の発端となった。それは、その問題に当事者として関わったものではなく、すでに公開されていた情報、資料に基づいて、検察捜査経験のある「一市民」として、事実認定、法律適用上の意見を述べ、捜査に着手し刑事処分を行うことを求めたものだ。

私が、長崎地検、神戸地検、そして徳島地検の検察官に期待するのは、公選法、政治資金規正法などの法律の罰則を、その趣旨目的にしたがって適用し、事案を解明し、適切な刑事処分を行っていく法執行機関としての検察の役割を果たすことだ。

おわりに

本書の執筆に取りかかったのは、兵庫県知事選挙でのＳＮＳ運用に関する公選法違反について神戸地検、兵庫県警に告発を行った後の二〇二四年一二月上旬であった。この告発は、一二月一六日に受理され、二月七日にはＰＲ会社側への家宅捜索の強制捜査が行われ、今も捜査が続けられている。そして、その間に、選挙におけるＳＮＳ運用に関して、二〇二四年七月東京都知事選での石丸伸二陣営、同年一〇月の衆議院議員選挙徳島二区での山口俊一陣営での公選法違反の疑いが表面化した。石丸陣営の問題は、上脇氏らによる告発が既に行われているが、山口陣営の問題については、本書執筆の最終段階の三月三日に、私と上脇氏とで、関係者を徳島地方検察庁に公選法違反で告発した。

これらの公選法違反問題に対する今後の検察の捜査処分は、今年六月から七月にかけて実施される東京都議会議員選挙、参議院議員選挙、ＳＮＳに関連する公選法改正をめぐる議論にも影響を与える可能性がある。

また、都議会自民党に飛び火していた政治資金パーティー裏金事件も、一月に会派の経理担当職員の略式起訴の後、多くの都議がパーティー券販売によって得ていた裏金の処理をめぐって混乱が続いている。三月に入り、柴崎都議が行った政党支部の政治資金収支報告書の訂正をめぐる疑惑が、「しんぶん赤旗」日曜版で報じられ、上脇氏が、所得税の課税を免れるための虚偽記入であった疑いで柴崎都議を東京地検に刑事告発した。

柴崎都議の問題は、今も検察審査会での審査が続いている丸川珠代元参院議員の清和会からの裏金問題と同様に、政治家個人に入った裏金を政党支部宛の寄附であるかのように虚偽の収支報告書訂正を行った疑いだ。それによって所得税納税を免れたことが疑われる悪質な政治資金規正法違反の事案であり、本書で繰り返し指摘してきた「還流金が政治家個人に帰属しているのに、所得税課税が全く行われていない」という〝裏金問題の核心〟に関わるものだ。

近く検察審査会の議決が出ることが予想される丸川氏の問題と併せ、この柴崎都議に対する告発は、都議会議員選挙、参議院議員選挙に重大な影響を及ぼす問題に発展することは必至であり、自民党都連や自民党本部が、どのように対応するかが注目される。

このように、本書で取り上げた政治資金規正法、公選法をめぐる様々な問題については、本書執筆中からめまぐるしく事態が動いている。一方、多発する不祥事で信頼が大きく損なわれている検察の方は、捜査処理、組織の在り方の抜本改革を求められているのに、その動きは誠に緩慢だ。

最高検察庁の畝本直美検事総長は、二月一九日、全国の検事長、検事正等を集めて開かれた会議で、一定の在宅事件の取調べについても録音録画を試行する方針を示した。

本書でも取り上げた河井克行元法相の公選法違反事件、五輪談合事件などで在宅被疑者の取調べに関して問題が発生していることを受けての対応だと考えられる。検察官の取調べの録音録画は、大阪地検特捜部の証拠改ざん問題等を受けて法務省に設置された検察の在り方検討会議での提言を受けて試行が始まり、二〇一九年施行の刑訴法改正で、検察独自捜査事件等で身柄拘束中の被疑者の取調べに限定して義務づけられたが、任意の取調べは対象外であり、検察官の裁量で一部実施されていただけだった。

録音録画されていない取調べの場での問題については、検察官が否定すると認定が難しく、被疑者側が隠し録音でもしていない限り、処分の対象とされることもない。それだけに、録音録画の対象拡大は不可欠だ。重要なことは、在宅取調べでの問題は偶発的に発生したものではなく、不適正な取調べを行ってまで意に沿う供述を得ようとする特捜部側の意図を背景にしていることだ。被疑者側の主張と検察の主張が対立している場合、在宅被疑者に対しては検察の意に沿う供述が得られるまで一切録音録画を行わず、一方で、取調べ室に被疑者が録音機を持ち込まないよう、個別に金属探知機による手荷物検査まで行っている。そのような録音録画をかいくぐるような手段を用い、不当な取調べで供述を得ようとする特捜検察の姿勢自体を検証することが必要であるのに、そのような問題意識は全く見られない。

本書で繰り返し述べたように、政治資金パーティー裏金問題の検察の捜査処分の方向性の誤りが、政治の混乱の大きな原因となった。その背景にあるのが、特別公務員暴行陵虐罪で刑事被告人の立場にある田渕大輔検事の取調べでの発言にも表れている「全能感」「岡っ引き根性」であり、それは日本人の法意識に根差すものであるだけに根本的に変えることは容易ではない。

私はかつて、委員を務めた検察の在り方検討会議の際、「特捜検事パルチザン化」について述べたことがある。特捜部のような常設の独自捜査専門の組織ではなく、一般事件を担当する検事が同時に検察独自捜査を行う地方の検察の機能を強化し、重要事件を認知した際には、そこに検察のリソースを集中させるという構想だ。二〇年前の長崎のように、市民の検察への「法と正義」の実現への期待が世の中に拡がっていけば、検察は国民から「理解と共感」が得られる存在になっていく。

本書も、『〝歪んだ法〟に壊される日本』と同様、同郷のKADOKAWA小川和久氏が編集を担当してくれた。執筆、編集作業の最中にも情勢がめまぐるしく変化し、その都度、発生事象だけでなく、問題意識についても多数加筆修正するという状況だったが、